逐妖書

殭屍、海怪、虎外婆……

怪奇玄幻的百妖物語

盛文強 著

推薦序

妖怪在搞什麼？

金老ㄕ　「故事：寫給所有人的歷史」專欄作家

先問大家一個問題：「你相信世界上有妖怪嗎？」

妖怪，意思是：「從動植物改變而成的精怪，或是怪異反常的事物。」我想即便不信世上有妖的人，應該都聽過不少妖怪傳說，像是臺灣民間傳說中會在山林間對人惡作劇的「魔神仔」，又或者常出現在動漫作品中的日本傳說——八岐大蛇。而一本叫《白澤圖》的妖怪指南，裡面更記錄多達一萬一千五百二十種中國妖怪。

或許這世間真的有未知領域或不為人類察覺的生物，但對於不信鬼神的人來說，這些妖怪傳聞除了荒謬，難道沒有任何意義嗎？如果真覺得一點意義都沒有，那麼這本《逐妖書》或許能讓你思考妖怪傳說的存在意義。

人對不可控事物的投射

首先我們要了解，妖怪傳說開始出現的時間點：離現在很遙遠的古代。不像現在有先進儀器，並有歷經實踐改良而總結出的研究方法，古代對很多事物感到陌生、疑惑，甚至因為不可控而感到恐慌。

例如農業社會，降雨絕對是影響生計的頭等大事。如果是現代，連續多個月不下雨，我們可能透過各種觀察去了解原因（如發生聖嬰現象）及現況（降雨機率的多寡）。可是對古人來說，實在無法理解氣候為何會反常，在現實卻是那麼真實，這當中要做何解釋呢？

妖怪，這個乍看荒誕的傳言，或許就成為古人手足無措時的一種寄託及宣洩。中國古代就有名為「旱魃」或「殭屍」的傳說，兩者都是造成乾旱的妖物。不管是驅逐妖物，還世間一個正常運行，又或者祭拜妖物，向未知的力量尋求慰藉；這些行為總比遙遙無期又逐漸侵蝕人心的等待，更能轉移焦點，然後獲得支撐的動力吧？

妖是人說不出口的目的

相信大家都能理解：有些話實在不好說出口。

無論出於什麼苦衷，心事累積多了，實在壓得人喘不過氣來，該怎麼辦？或許，乍看很荒誕的傳說，就成為傳遞弦外之音的可能性。

歷史上被記錄說出「子不語怪力亂神」言論的孔子，想必會是反對妖怪的著名代表。但非常有意思的一點，就是孔子著作史書——《春秋》，其中最後一則紀錄就是孔子看到麒麟遭到狩獵，並感嘆治世的可能性已經消失。

雖然世界上曾經有許多奇特物種因絕種而不被世人認識，所以不排除名曰「麒麟」的祥瑞動物，其實就是以前存在的瀕危物種。但在孔子的時代，用「妖怪」形容雖然帶有貶義，但對於帶有傳說性質的麒麟來說，其實還真不算錯用。

那麼一個不講怪力亂神的孔子，為何會在自己的著作中以傳說做為結束呢？我想這或許反應當時的孔子，有著難以直言的心緒吧！

二創的延續

本書中，我們看到同一種妖怪，隨著時代發展，被加上不同描述。例如民間傳說有能造成水災的妖怪——水母，有次遇到得道高僧，結果被高僧降伏並囚禁在一座佛塔之下……有沒有覺得哪邊很熟悉？這不就是鼎鼎大名的《白蛇傳》，法海和尚收服水漫金山寺的白蛇劇情嘛！

看到傳說經過發展，被加油添醋的豐富情節，我們又何妨反向思考：說不定一切源頭其實相當簡單，只是後來的有心人將它複雜化？那麼，真正妖的是本來的事物？還是讓事情改變的過程呢？

以上是我讀《逐妖書》的一些感觸，當然你也可以說是我想太多，畢竟就像電影不一定要多有深度含意，只要夠爽，觀眾照樣買單支持，所以妖怪或許可以當作是一種獵奇創作的欣賞就好。

也是，畢竟正如妖怪百百種，或許所謂的「妖」正期待我們用不同的腦迴路去認識它們。那麼無需多言，趕緊翻開本書，對妖怪的世界一探究竟吧！

自序

盛文強

書寫妖異怪誕之事，是一種古老而隱祕的敘事傳統，謂之志怪。志者，記錄也；怪者，怪異也。源自兩漢、魏晉時的志怪，受神仙方術之風影響，怪談百出，耀人眼目。此間有博物學家高談闊論，講述海外方國、奇花異木、珍禽怪獸，有著窮極宇宙奧祕之熱忱，例如託名東方朔的《十洲記》；又有野史稗官，祕密傳遞著大人物們的奇遇，例如託名班固的《漢武故事》；還有堅定的有神論者也在講述妖怪鬼神的蹤跡，例如干寶的《搜神記》。

這些密集的文本中，上古妖怪得以重現，新的妖怪集束式誕生。當年的志怪作者認定妖怪是真實存在，《搜神記》的作者干寶，寫作目的就是為了印證「神道之不誣」，因此他認為鬼神怪異之事正是信史的一部分，他注重文字的精準與簡潔，堅信正在記下的是歷史。

跨越文體的先行者們，原本無有「文學」的觀念，也無賣弄文字的習氣。他們以斷片和截面的古老方式，甚至略顯笨拙，卻在無意中抵達中國故事的核心。時至今日，斷章取義和道聽塗說卻要遭受指摘，談妖說怪也被斥為虛妄。愈發無趣而平庸的生活，妖怪也躲得無影無蹤。

於我而言，蒐羅久遠的妖怪軼事，類似於一種拼圖遊戲，在殘損的碎片中，復原整體的形貌。妖怪的世界自成體系，是對日常的超越，又是對日常的諷喻。在若即若離之間，妖怪實現了自身的意義。

且願妖怪們的命運能少些蹭蹬，多些絢麗，正如我們對自身命運的期許。

是為序。

目錄 *Contents*

卷三・童年陰影

卷一

妖怪編年

居家必備妖怪指南

黃帝曾東巡至海邊，駐足之際，忽有一頭神獸掀起滔天巨浪，從浪花中間冒出頭顱。黃帝及隨從們大驚失色，紛紛拿起兵器。做為道德化身的黃帝，及時制止手下的魯莽。原來，這是古往今來的第一靈獸（又稱瑞獸或吉祥獸），而且還能口吐人言。這頭怪獸自報家門——它的名字叫白澤。

白澤的長相歷來眾說紛紜，有人說像麒麟，有人說像獅子，長著山羊鬍，還有人認為就是獨角獸。總之，白澤的相貌難以界定，就像所有的神獸一樣，它們是冷僻的名詞，是觀念中的突起物，難以觸及的所在，偶爾在夢中得見一鱗半爪。

這時，神獸已經泅水登岸，做完自我介紹，皮毛上還有海水落下，使它看上去更像一隻落湯雞。不過，這不影響它淵博的頭腦，經水浸泡後，它的音調變得溼潤，黃帝和群臣側耳傾聽，白澤未張嘴，話音從它碩大的頭顱深處傳來。

《雲笈七籤．軒轅本紀》記載了這段軼事：「帝巡狩，東至海，登桓山，於海濱得白澤神獸，能言，達於萬物之情。因問天下鬼神之事，自古精氣為物、遊魂為變者凡萬一千五百二十種，白澤言之，帝令以圖寫之，以示天下。」可以確定的是，來歷不明的白澤是最為淵博的神獸。黃帝向它請教天下鬼神妖怪的情形，白澤一一道來，共計一萬一千五百二十種，並有破解之法，黃帝命人記錄，編訂為《白澤圖》。

《白澤圖》是記錄妖怪數目萬餘種、卷帙浩繁的妖怪譜系。在古人看來，動物、器具、草木、金石等皆可為怪，它們在上古時代扮演著可驚可怖的黑暗角色。如何為它們命名？無人知曉，只好歸功於無所不知的白澤——它將妖怪的祕密公之於世。可惜《白澤圖》如今大多已經失傳，只有流落海外的敦煌殘紙數張，來自唐人手筆，從中依稀可見當年的風貌，所記的妖怪多有奇怪的名字，並配有簡筆的小像。

例如「鬼夜呼少婦名者，老雞也。赤身白頭，黃衣下黑，以其屎塗好器，煞之則已」，這是家中老雞成精作怪。又有各類精怪名稱，略近於人名，例如「火之精曰宋無忌」、「木之精名彭侯」、「玉之精名岱委」。知道這些精怪的名字，遇到它們時就可以直呼其名，例如對付廁精：「廁之精名曰依倚，青衣，持白杖，知其名呼之者除，不知其名則死。」

知其名則可破，不知名則有生命危險，這種古老的巫術謂之「呼名術」。祕傳的妖怪圖譜《白澤圖》中，妖怪們有著冷僻且拗口的名字，有時只有一個音節，彷彿一聲短促的咒語，只要叫出妖怪的名字，就會立刻脫離危險。

《白澤圖》的寫本中，書寫者們肯定會在那些相似的句式中感到厭倦，其中句式簡單，通常是寫妖怪叫什麼名字、出現在什麼地方，最後往往加一句「呼之則吉」；也就是說，識得妖怪，叫出妖怪的名字，便可高枕無憂。

人知妖怪之名，則妖怪不敢來侵犯，但知曉名字談何容易。想來只有博物學家才能從容分辨花樣百出的妖怪——它們分布在山澤之中，或者出現在居室之內，甚至存在於人們的一閃念之間，可以說無處不在，數量驚人。妖怪之間又有祕密關係，難以釐清。再者，妖怪的名字往往怪異，並非人間話語體系，因此顯得古奧難解；妖怪的行為方式也不合乎正常邏輯，這些都讓妖怪變得莫測高深。且看《白澤圖》的一些佚文：「山中山精之形，如小兒而獨足，走向後，喜來犯人。人入山，若夜聞人音聲大語，其名曰蚑，知而呼之，即不敢犯人也。一名熱內，亦可兼呼之。又有山精，如鼓赤色，亦一足，其名曰暉。又或如人，長九尺，衣裘戴笠，名曰金累。或如龍而五色赤角，名曰飛飛，見之皆以名呼之，即不敢為害也。山中有大樹，有能語者，非樹能語也，其精名曰雲陽，呼之則吉……山水之間見吏人者，名曰四徼，呼之名即吉。山中見大蛇著冠幘者，名曰升卿，呼之即吉。」

《白澤圖》彰顯名字的重要，或許在世人的意識深處，尚有一種「紅塵中心觀」，認為這些紅塵之外的妖怪，都像賊人一樣鬼鬼祟祟、見不得人，只要叫出它們的名字，就是喝破它們的來歷，即知道它們的底細，就可以讓它們望風而逃。《白澤圖》在有意無意中便充當著「速查手冊」。古人但凡遇到妖怪，立刻取來《白澤圖》比照查看，如果時間來得及，妖怪又不那麼凶猛，就可以臨陣磨槍，將其制服。

對妖怪的熟悉已然成為一種博物學的訴求，那些博聞強記的博物學家，在妖怪橫行的年代裡就可以高枕無憂。未知的事物令人恐懼，而博物學的知識，顯然可以轉化為強大的能量，足以降妖除魔。《搜神記》提到三國時諸葛恪做丹陽太守，某日出去打獵，行至兩山之間，見一個怪模怪樣的小孩，眾人皆不認識，熟讀《白澤圖》的諸葛恪卻認得這是山精：「此事在《白澤圖》內，曰：『兩山之間，其精如小兒，見人，則伸手欲引之，名曰傒囊。』」眾人嘆服諸葛恪博聞多識，以為他是神人，他知道妖怪的底細，妖怪就不攻自

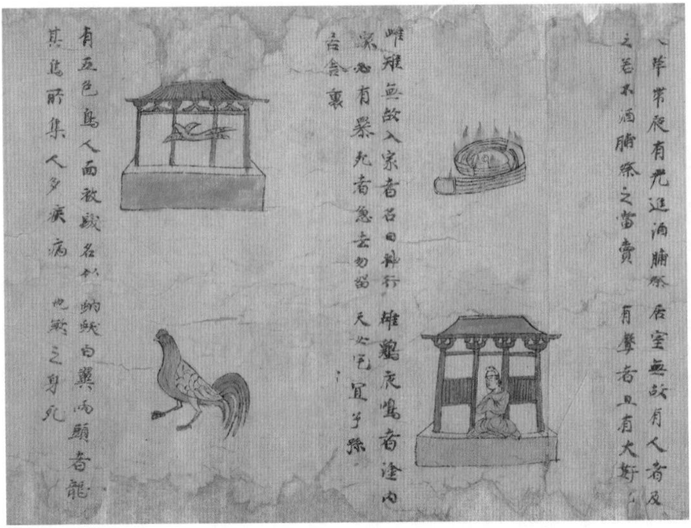

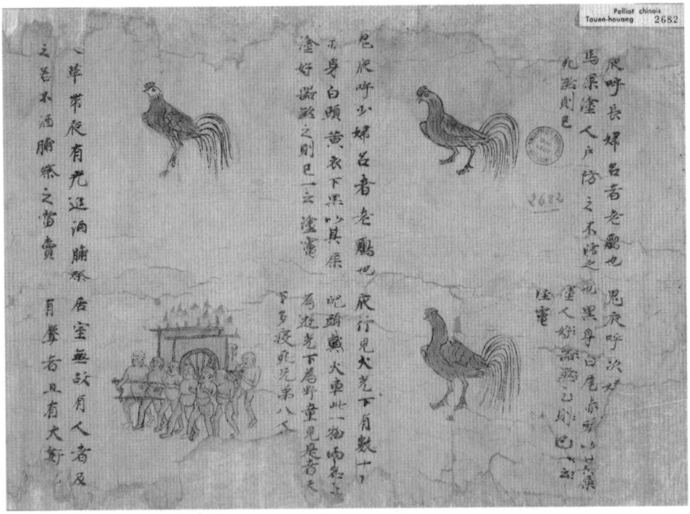

敦煌《白澤圖》殘卷

破了。

諸葛恪仰仗的就是《白澤圖》，一番記誦後，便可化險為夷，與妖怪有關的知識因此受到人們青睞。後來《白澤圖》大行於世，幾乎人手一冊，成為居家必備的妖怪指南，凡遇有妖異，立即查找到破解之法，依法施用。宋人江休復的《雜誌》載：「歐永叔少時見一物如蛇，四足，有斑錦文，《白澤圖》云：是刀之精。」可見古時妖精遍地的場景，《白澤圖》做為日常生活的工具書，受到歡迎也就在預料之中了。

古諺說：「家有白澤圖，妖怪自消除。」可惜的是，這份妖怪譜後來失傳了——萬餘種妖怪的體系過於龐大，從誕生之日起，就註定難逃失傳的命運。也或許是《白澤圖》的效果過於顯著，使妖怪們深為忌憚，暗中將其搗毀，從此以後，《白澤圖》便沒落了。

做爲妖怪學家的孔子

「子不語怪力亂神」見於《論語・述而》。孔子有這樣的態度，後世儒家都當作道德準則來恪守，不敢越雷池一步，所以儒生們看上去比較無趣。清代袁枚作志怪小說，書名乾脆就叫《子不語》，所記的都是「子所不語」的怪力亂神。

實際上，孔子不談神怪之事是有意回避，他認為談論怪事會使人生疑，惑亂人心，所以聖人不為，但這不意味著他不知道。相反的，在世間出沒的妖怪，孔子多能識得，並直接呼出它們的名字，使怪異消弭於無形。

《孔子家語》載：「齊有一足之鳥，飛集於宮朝下，止於殿前，舒翅而跳。齊侯大怪之，使使聘魯問孔子。孔子曰：『此鳥名曰商羊，水祥也。昔兒童有屈其一腳，振訊兩眉而跳，且謠曰：天將大雨，商羊鼓舞。』」當時齊國的國君是齊景公，他見殿前有不知名的怪鳥，便派人去魯國問孔子，孔子問知詳情，立刻說這種鳥名叫商羊，它屈著一隻腳在田中跳躍，就是天降大雨的前兆。於是齊國挖溝渠，修堤壩，結果真有雨水氾濫成災，鄰近諸國多有受災者，只有齊國做到有備無患，齊景公不得不讚嘆孔子的博學多知。商羊在大雨前有屈腿蹦跳的反常舉動，被人們模仿，即兒童遊戲中的「鬥雞」，兩個小朋友各自抱起一條腿，另一條腿著地，蹦跳著互相撞擊，據說即是上古求雨儀式「商羊舞」的孑遺。

除了辨識商羊，《國語》中有孔子談論山精水怪：「季桓子穿井，獲如土缶，其中有羊焉。使問之仲尼曰：『吾穿井而獲狗，何也？』對曰：『以丘之所聞，羊也。丘聞之：木石之怪曰夔、魍魎，水之怪曰龍、罔象，土之怪曰羵羊。』」木石之怪叫做夔、魍魎，水怪叫做龍、罔象，土裡的精怪叫做羵羊。

孔子對有關妖怪的問題總是對答如流，看來早有相關的知識儲備。他似乎早就看過《白澤圖》之類的上古妖怪圖譜，把妖怪的特徵和名字牢記於心。人們的印象中，聖人無所不知，因此他就獲得無與倫比的力量，足以識別妖怪；只不過這些事蹟顯得不那麼重要，只能增添一、兩段茶餘飯後的怪談罷了。

最令人熟知的例子，是孔子與麒麟的故事。魯哀公十四年（西元前四八一年），有人獵到一頭怪獸，非牛非鹿，非驢非馬，人們認為是妖孽，拋之荒野，麒麟重傷不治而死。

掘土得羊，《中國民間信仰》祿是遒（法）

麟出而死，《中國民間信仰》祿是遒（法）

孔子聽說後，立刻知道這是麒麟。本應出現在太平盛世的麒麟，卻生不逢時，出現在亂世，他從麒麟身上看到與自身相似的命運。早在孔子出生時，其母親遇到麒麟，麒麟口吐帛書，說孔子有王侯之德，無王侯之位，為孔子的一生做了預言。此番見麒麟死，孔子認為是不祥之兆，作輓歌曰：「唐虞世兮麟鳳遊，今非其時來何求？麟兮麟兮我心憂。」孔子編訂的《春秋》，也在西狩獲麟這一年戛然而止，成為《春秋》歷史敘事的終點。不久後，孔子便去世了。

孔子雖不談論怪力亂神，但怪力亂神總不離他左右，這是一種怎樣的悖論？做為妖怪學家的孔子，談論妖怪時，處境是尷尬的。或許，孔子積極入世的人生規劃之中，當然要把自己變得無趣一些，甚至要裝得粗魯無文，不可輕易談起怪異之事，否則便是冒犯。這種遊戲規則，古今皆然。

驅鬼之書

一九七五年，「睡虎地秦簡」出土於湖北省雲夢縣睡虎地秦墓，秦簡中的《日書》格外引人注目，這是秦朝中下層百姓流行的占卜手冊。

秦人對鬼神之事素來虔信，認為鬼神應當「有所歸」，不然便會使人遭禍。與此同時，種種禁忌隨之而設。例如《日書．娶妻》篇認為「戊申」、「己酉」這兩天結婚不吉利，因為「牽牛宿」迎娶「織女宿」就是在這天，結果連續三次都沒能娶成，這或許是牛郎、織女故事的雛形。後來的皇曆延續這類模式，不過簡省為簡短的一句「今日不宜嫁娶」，不談原因，只有一個冷冰冰的結果，遠不及秦人的《日書》有趣。

《日書》中的〈詰咎〉記載天下鬼怪，附了驅逐鬼怪的方術，所記鬼怪名目有四十餘種，例如刺鬼、丘鬼、哀鬼、飄風、陽鬼、凶鬼、神蟲、圖夫、遊鬼、餓鬼、水亡殤、鬼嬰兒、哀乳之鬼、夭鬼、野火偽為蟲、厲鬼、地蟲。這些怪異的名字正是鬼怪們離奇身分的一部分。

《白澤圖》是博物學家的專利，而《日書》中，驅逐鬼怪則顯得更具有可操作性。做為日常實用的驅鬼手冊，《日書》給出若干方法，人人可學，學而能用，那時驅鬼之術不是什麼祕術，有著廣泛的群眾基礎。

治鬼之前，要先了解鬼的形貌。按《日書》所載，鬼的常見狀態是「屈臥箕坐，連行踦立」——睡覺時彎曲著身子，雙腿張開像簸箕那樣坐在地上，走路時腳步黏連，站立不動時只用一條腿。而不同的鬼又各有其危害，例如哀鬼對你糾纏不休，使你臉色蒼白、無精打采、不思飲食；棘鬼出現在家中，會導致全家病倒；刺鬼會不停騷擾人；凶鬼經常半夜敲你家門。當然也有比較可憐的鬼，例如「哀乳鬼」，會向人索要食物，這是餓死的嬰兒，只要找到嬰兒的屍體將其埋葬，它就會消失。

驅鬼的方術中，植物的地位最為顯赫，介於巫術和藥劑之間，兼有二者的功效。用熏燒牡荊的辦法去驅趕一種叫「幼龍」的妖怪，用桑木杖驅趕「誘鬼」，點燃莎草根、牡荊柄可以驅趕鬼魂。其他常見的驅鬼材料還有葦草、白茅等。

最重要的要屬桃木，可以辟邪，這是較為古老的傳統。相傳上古時，東海中有一座大

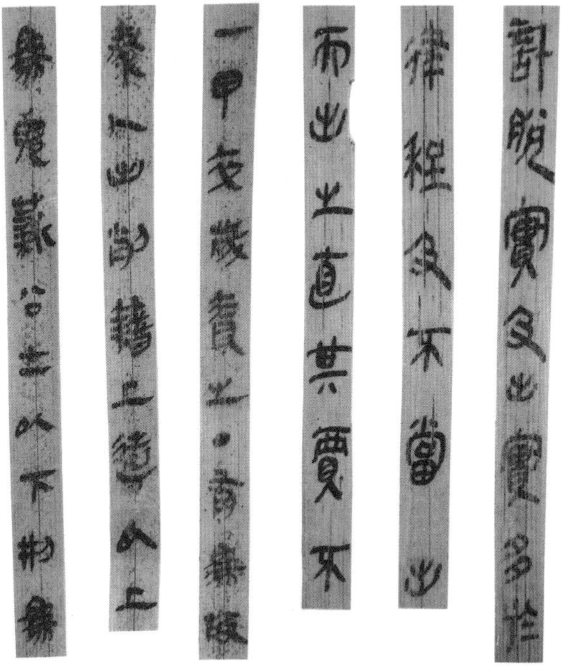

睡虎地秦簡

島，其中有一棵覆蓋三千里的大桃樹，有兩個名為神荼、鬱壘的神人，折了這棵桃樹上的樹枝，去世間打鬼。《日書》與這一古老傳說有著千絲萬縷的聯繫，據其記載，用桃木做弓，桑木做箭，可以射鬼；用桃木條可以刺鬼；微紅的桃木，抽打到鬼身上，即可起到烈火灼燒般的效果。這種方法也影響到後世，後來的道士驅鬼，總要有一把精雕細琢的桃木劍，否則會顯得很不專業。

臭不可聞的狗屎也是驅鬼利器，如果有鬼怪糾纏家中女眷，就要用狗屎（狗矢）洗浴，從而使鬼怪不敢近身。看來鬼也害怕惡臭，只不過這個方法用起來頗考驗人的耐力。古人看來，突發的瘋病就是被鬼迷惑，狗屎盆在混亂中準備就緒，在家人的強行壓制之下，狗屎潑滿發狂者全身。這種方法到明、清時還有人用，不過改成內服。李時珍在《本草綱目》說人發狂時要灌糞湯，病可立止。

秦代「焚書」時專門規定，醫藥、卜筮、種樹之類的書可以不予燒毀，《日書》因屬於卜筮書而倖免於難。《日書》曾左右秦人的生活，也奠定農業國度的日常迷信基調，其中的資訊碎片仍在民間祕密傳遞。時至今日，在霓虹閃爍的城市夜晚，偶爾會見到有人在十字路口燒紙，希求親族中的亡魂安於其位，火光跳躍之中，紙灰在黑夜中騰空而去，隱祕的傳統難以熄滅。

人面獸身的妖嬈

《山海經》原有圖像，古本已經失傳，眼下能見到的是明、清兩代的繪圖。散布在山川河流之間的怪獸，在未知的空間內各就其位。這些動物看上去像是惡作劇似的拼貼，卻有著深邃的視覺魔力，令人沉陷其中，不能自拔。

數量最多的當屬各類動物的組合式拼接，古人將動物分為鳥、獸、鱗、介四類，《山海經》的怪獸既有同類生物之組合，又有跨類別組合。例如《山海經．南山經》提到鯥：「有魚焉，其狀如牛，陵居，蛇尾有翼，其羽在魼下，其音如留牛，其名曰鯥。」這是一種集「鳥、獸、魚、蛇」於一體的怪獸，乍看難以辨識。它們身體器官的銜接之處已被繪像者極力續接，欲將各部分間的差異消弭於無形，然而每每徒勞無功。稍加留意就會發現，在鱗片、翎羽和毛皮間的過渡之處，總會跳脫出不易察覺的空白地帶。

還有一類怪獸，由器官的增加或缺失而成，例如九尾狐。《山海經．海外東經》載

「其狐四足九尾」，這是一種吃人的妖獸，外形與狐狸相似，只是身後拖著九條尾巴。還有「六足四翼，渾敦無面目」的帝江，有著密集的翅和腿。極端的例子還有「一首十身」的何羅魚，十條魚共用一個魚頭，密集的魚身呈放射狀散開，為了維繫十個身子的穩定，魚頭則顯得粗壯。像何羅魚之類器官發達的動物，究竟是觀念或表述上的偏差，還是確有其物？須知古時魚的概念相當寬泛，全然不似今日的分類之細，各式水族多有歸入魚類者，可見早期博物學的混沌。何羅魚的造型疑似是章魚之類的頭足綱動物，所謂的十身或許是章魚的腕足。

人與動物的組合最為驚豔，大致分為人首動物身和人身動物首，前者的數目占有壓倒性優勢，例如人面蛇、人面獸、人面魚等，怪奇百出；當人頭安置在動物身上，傳達出的視覺經驗是空前的，已經超出日常經驗的範疇。人面獸的臉上多數帶有詭異的笑，有些還猙獰可怖。燭陰是典型的人面蛇身神樣本，身長千餘里，睜開眼睛即是白晝，閉上眼就是黑夜，它的呼吸就是春夏秋冬四時之氣；許多圖本中，它被描繪為長髮的女性神形象，蛇身在美人頭頸之下蜿蜒盤旋。和燭陰相似，女媧也是人面蛇身，這種形象還帶有原始野性。而當古老信仰隨著時間推移而失落，人面蛇身神也會墮為蛇妖。魯迅在《朝花夕拾》

提到的美女蛇是人首蛇身的怪物，「能喚人名，倘一答應，夜間便要來吃這人的肉的」。

在人面獸身的基礎上，器官的多或寡，乃至顛倒錯置，帶來神祕氛圍。顯然與自然造物的規律相悖，在觀念中，怪獸的形象有了某種範式。《山海經．海內西經》提到的開明獸：「開明獸身大類虎而九首，皆人面。」圖像也遵循著九頭、人面、虎身等要素。

人與動物的混雜，呈現出互相變幻的態勢，也為後世的妖怪變化為人提供樣本。明、清的神怪小說中，怪獸的形狀多為獸首人身，例如《西遊記》的豬八戒就是豬首人身。相較於人面獸身，獸首人身顯得更接近於人，人的比例占了絕對優勢，動物的痕跡逐漸退去——山林草澤間的怪獸步入了市井紅塵之中。

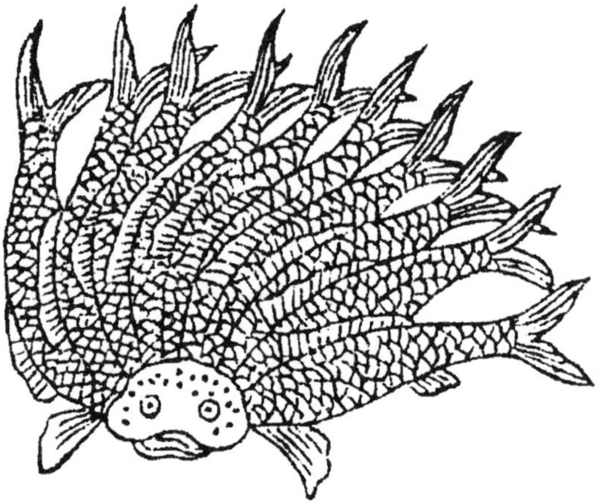

▲ 鯥，清刻本《山海經繪圖廣注》

▼ 何羅魚，明刻本《山海經圖繪全像》

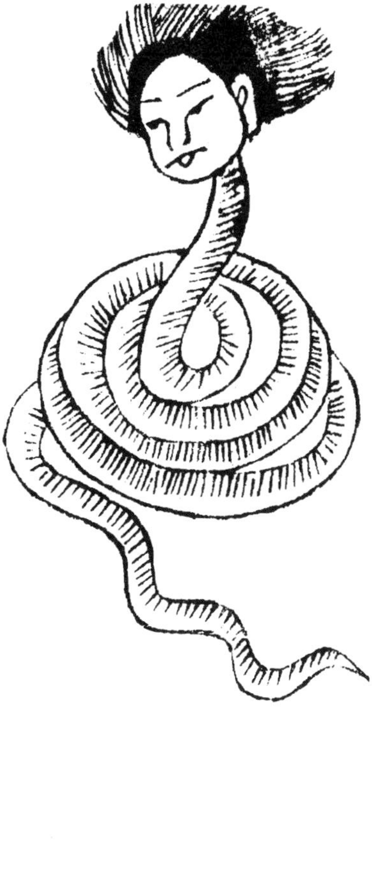

▶ 天吳，明刻本《山海經圖繪全像》

◀ 人面蛇身神，清刻本《山海經繪圖廣注》

水怪無支祁

無支祁是上古奇妖，曾被大禹鎖在龜山之下。《國史補》引《山海經》：「水獸好為害，禹鎖於軍山之下，其名曰巫支祁。」《輟耕錄》引《山海經》：「水獸好為害，禹鎖之，名巫支祁。」然而，今本的《山海經》並無此類記載，古本《山海經》或許有，後來失傳，這使無支祁的身世更加神祕。它似乎竭力隱藏行跡，將其唯一的敗績從紙頁中抹去，別書中出現的引文也是支離破碎。

《吳越春秋》出現的淮渦水神，似是無支祁的形跡：「水中有神，見馬即出，以害其馬。」這個水神喜歡吃掉路人所騎的馬。《太平廣記》有〈李湯〉一篇，原為唐人李公佐所作，其中提到無支祁的蹤跡。說的是唐代宗永泰年間，李湯出任楚州刺史，當時有漁人在龜山下夜釣，魚鉤被重物掛住，動彈不得。漁人善識水性，下潛五十餘丈，見有大鐵索纏繞山根，看不到盡頭，便向刺史李湯稟報此事。李湯派人打撈，用五十頭牛，將鐵索牽引出來，忽有波浪翻湧，鐵索的末端有一頭怪獸，「狀有如猿，白首長鬐，雪牙金爪」。這頭怪獸正處在昏睡狀態，許久之後，「雙目忽開，光彩若電」，看到有人便發怒，人群驚走，五十頭牛也被怪獸拽進水中。

這相當於無支祁故事的「後傳」。上古時代的怪獸，一直活到唐代，儼然是打通神話與當下的一條敘事策略。世上朝代更迭，時間已過去幾千年，無支祁所處的空間，卻與人間相隔，直到漁夫偶然發現，才有兩種不同時空的交會。在此之後，漁人雖知道鐵索的位置，但「其獸竟不復見」。

該故事借李公佐的朋友楊衡之口講出來，本應結束了，李公佐又附了一段親歷記。遊歷洞庭時，見到一個古洞，他在洞中得到一部古本的《岳瀆經》，記載天下山河的淵源，大禹治水遇無支祁的掌故也赫然在列。經李公佐與周焦君辨認，勉強讀出一些文字。原來，無支祁是淮河水神，「形若猿猴，縮鼻高額，青軀白首，金目雪牙。頸伸百尺，力逾九象，搏擊騰踔疾奔，輕利倏忽」。大禹治水之時，無支祁興風作浪，水不能泄。禹派出童律、烏木由都無法戰勝無支祁。直到大神庚辰（應龍）出戰，與無支祁一場激鬥，終於稍勝一籌，將其擒獲。禹便把它囚禁起來，「頸鎖大索，鼻穿金鈴，徙淮陰之龜山之足下」，淮河才得以暢流入海。

做為小說家言，古書《岳瀆經》更像頗具現代意味的文本方式，龜山變得不那麼清淨，這裡成為妖怪的囹圄，山河形勢似乎都為此而設。明代的宋濂看出一些端倪，認為「文雖奇而未醇，竊意即公佐、焦君所造以玩世者」。

英雄戰勝水怪是個古老的神話母題，無支祁的神通不知從何而來，依附無支祁的木魅、水靈、山妖、石怪不計其數，隱然是為禍一方的妖王。該母題的魅力經久不息，出現諸多變體。無支祁也成為《西遊記》中孫悟空的原型之一，二者都是猴形，無支祁被鎖在龜山，孫悟空被鎮在五行山，庚辰與無支祁的一戰，也極像二郎神與孫悟空的打鬥。

無支祁的字面意思頗難索解，有時又稱巫支祁、無支奇、巫枝祇，發音相近。《山海經》中類似的例子並不鮮見，例如西海之神「不延胡餘」，風神「因因乎」，或是外來神、地方神，外來語彙和方言的發音，記在紙面上難解其意。有研究認為，無支祁的發音與古苗語中的「母蛙」相近，其神變奮迅的矯健身手，或是得自蛙的狀貌。

無支祁有時又以女性形象出場，有龜山水母、泗州聖母等異名。宋人話本《陳巡檢梅嶺失妻》中，白猿精自稱「齊天大聖」，並說它的小妹便是「泗州聖母」。元末楊景賢的

水母，《升平署臉譜》（清）

雜劇《唐三藏西天取經》中，孫行者有一段自報家門：「大姊驪山老母，二妹巫枝祇聖母。」陶宗儀《南村輟耕錄》載：「泗州塔下，相傳泗州大聖鎖水母處。」水母也是無支祁的另一變體。民間傳說，水母娘娘挑著兩桶水，走在泗州道上，桶內裝的是五湖四海之水，一旦傾瀉出來，東南半壁將成為汪洋澤國。當時有神僧僧伽，人稱泗州大聖，正駐錫於此。他來向水母討水喝，張嘴便吸乾一桶水，水母大驚，與之激戰，終不能敵，被僧伽鎖在泗州塔。無支祁以女性形象出現，曾與妖大戰後，妖被鎮在塔下，這種故事模型，演變出白蛇與法海鬥法的「水漫金山」故事，可見變化之繁，枝椏日漸葳蕤。

到了清代，湯用中在《翼駉稗編》提到，嘉慶年間有人扶乩時，有淮河水神名曰暴光，降臨乩壇。自稱是無支祁的看管人，並預言無支祁的赦免之日是三萬年之後；又說無支祁這幾千年一直在「服氣潛修」，或許可以提前一萬年出頭。

猴形水怪的記憶難以磨滅，日本民間故事中的河童也是猴形水怪，中國民間亦有「水猴子」的故事流傳，無支祁的變體可謂多矣。無支祁難以消滅，呈現出的諸多變相，或許只是我們對它的誤解，它仍在歲月的河流中沉凝不動。

古代飛碟簡史

一

「天有妖孽，十日並出」是《竹書紀年》對奇異天象的記載，天上同時出現十個太陽，這些發光體看上去和太陽一樣明亮，與太陽一起占據天空。類似的情況歷代皆有出現，明代熹宗天啟元年（一六二一年）二月二十二日，今遼寧省遼陽地區出現多個「太陽」，「數日並出，又日交暈，左右有珥，白虹彌天」，「左右有珥」是說這個圓盤狀發光體突出的部分。《續通鑑》則描述「珥」的發生現場：「宋徽宗宣和七年（一一二五年）十二月庚申，日有五色暈，挾赤黃珥，又有重日相湯摩，久之乃隱。」

數日並出，當時的人無法解釋，所以將其當成「妖孽」。出現這種現象，他們認為是主政者失德所致，需下「罪己詔」，修文德以自警。這些「日」的主要特點：發光、有光環。除此之外，史書還有各種夜間不明發光體的記載，伴隨著奇異的震盪軌跡。其中不少是流星和彗星，也有一些疑為不明飛行物。

二

「數日並出」現象尚可存疑，「第三類接觸」無疑更加震撼。所謂第三類接觸，即為人類與外星人進行的直接接觸，看清飛碟的外觀，就是直接的目擊行為。

類似的蛛絲馬跡在《山海經》頻頻出現，《山海經．西山經》對西王母做過描述：「西王母其狀如人，豹尾虎齒而善嘯，蓬髮戴勝，是司天之厲及五殘。」乍一看，西王母簡直是半人半獸的異形之物，儼然外星生命的體貌特徵。《山海經．中荒經》有一段記載：「崑崙之山，有銅柱焉，其高入天，所謂天柱也……上有大鳥，名曰稀有，南向，張左翼覆東王公，右翼覆西王母。背上小處無羽，一萬九千里。」銅柱似乎像一種火箭發射設備，「大鳥」類似飛船，西王母和東王公則是太空人，「一萬九千里」言其所行遊之遠。《山海經．海外西經》亦載：「奇肱之國在其北。其人一臂三目，有陰有陽，乘文馬。」晉代學者郭璞注曰：「其人善為機巧，以取百禽。能作飛車，從風遠行。湯時得之

奇肱國飛車，彩繪本《鏡花緣》（清）

於豫州界中，即壞之，不以示人。後十年，西風至，復作遣之。」故事發生在「湯時」，即商代初期，三眼獨臂的奇肱國人可以駕駛飛車，無意中落到中原地帶，商湯毀壞他們的車，直到十年後，他們才藉著風力飛走。

晉人王嘉《拾遺記》也有疑似外星人的宛渠*之民：「乘螺舟而至，舟形似螺，沉行海底，而水不浸入，一名淪波舟。其國人長十丈，編鳥獸之毛以蔽形。始皇與之語及天地初開之時，了如親睹。」或許可以這樣解釋：一群具有高度文明的外星人很早就來到地球並安下基地，這些人還見到秦始皇，且講到宇宙大爆炸之初的事。他們從海上來，用「形似螺」的「淪波舟」做交通工具，能在水裡潛行，也能飛在空中，日行萬里。《拾遺記》另載：「堯登位三十年，有巨槎浮於西海。槎上有光，夜明晝滅。海人望其光，乍大乍小，若星月之出入矣。槎常浮繞四海，十二年一周天，周而復始，名曰貫月槎，亦謂掛星槎，羽人棲息其上。」若將「貫月槎」視為太空船，棲息於其上的仙人即身穿太空服的太空人。

《北齊書》載：「有物隕於殿庭，如赤漆鼓帶小鈴。殿上石自起，兩兩相對。又有神見於後園萬壽堂前山穴中，其體壯大，不辨其面，兩齒絕白，長出於脣。帝直宿嬪御已下七百人咸見焉。」有物體墜落在殿中庭院，如同帶小鈴的紅色漆鼓。殿上的石塊自行起立，兩兩相對。又有神出現在後園萬壽堂前山的洞穴中，體型壯大，看不清面目，兩顆牙特別白，從嘴脣伸出來。再例如《宋史．五行志》記載：「乾道六年（一一七〇年），西安縣官塘有物，雞首人身，高丈餘，晝見於野。」大意是，西安官塘出現一個雞首人身的怪物，高約丈餘，在田野上行走。

三

飛碟的目擊者當中，有一些聞名遐邇的人物。宋神宗熙寧四年（一〇七一年），蘇東坡去赴任杭州通判，經過鎮江，暢遊金山寺，晚上在江邊吟詩，看到夜空中有火球出沒。蘇軾把這一情景寫成〈遊金山寺〉一詩：「是時江月初生魄，二更月落天深黑。江心似有炬火明，飛焰照山棲烏驚。悵然歸臥心莫識，非鬼非人竟何物。」飛行物像火炬般明亮，驚起山中棲息的鳥群，這種奇觀疑似外星來客。

沈括在《夢溪筆談》提到，北宋嘉祐年間，「揚州有一珠甚大，天晦多見。初出於天

＊編注：神話傳說中的國名，其國在咸池日沒之所九萬里，以萬歲為一日。

長縣陂澤中，後轉入甓社湖，又後乃在新開湖中。凡十餘年，居民行人常常見之」。他的友人是目擊者：「書齋在湖上，一夜忽見其珠甚近，初微開其房，光自吻中出，如橫一金線。俄頃忽張殼，其大如半席。殼中白光如銀，珠大如拳，爛然不可正視，十餘里間林木皆有影，如初日所照，遠處但見天赤如野火。倏然遠去，其行如飛，浮於波中，杳杳如日。」這個飛來飛去的大珠，形狀猶如蚌，還會放出強光，來去迅捷，且在當地逗留長達十幾年，先後停留在三個湖泊中，許多當地居民都見過。

明代劉伯溫也在月圓之夜看見過不明飛行物，並寫了一首〈月蝕詩〉以記之：「招搖指坤月望日，大月如盤海中出。不知妖怪從何來，惝怳初驚天眼昳。兒童走報開戶看，城角咿嗚聲未卒。」可見這是一個從海中飛出來、狀如盤的「大月」，圓形的發光物體。

明代小說家馮夢龍在《塊雪堂漫記》寫道：「仇益泰云：己酉二月中旬，從兄讀書其邑天寧秀碧峰房，粥後倚北窗了夜課。忽聞寺僧聚喧，急出南軒，見四壁照耀流動，眾曰：天開眼。仰見東南隅一竅，首尾狹而闊，如萬斛舟，亦如人目，內光明閃閃不定，似有物，而目眩不能辨。暗淡無色，須臾乃滅。」馮夢龍轉述友人仇益泰的經歷，他看到不明飛行物，「首尾狹而闊」，形狀類似於人的眼睛，所以百姓稱之為「天開眼」。

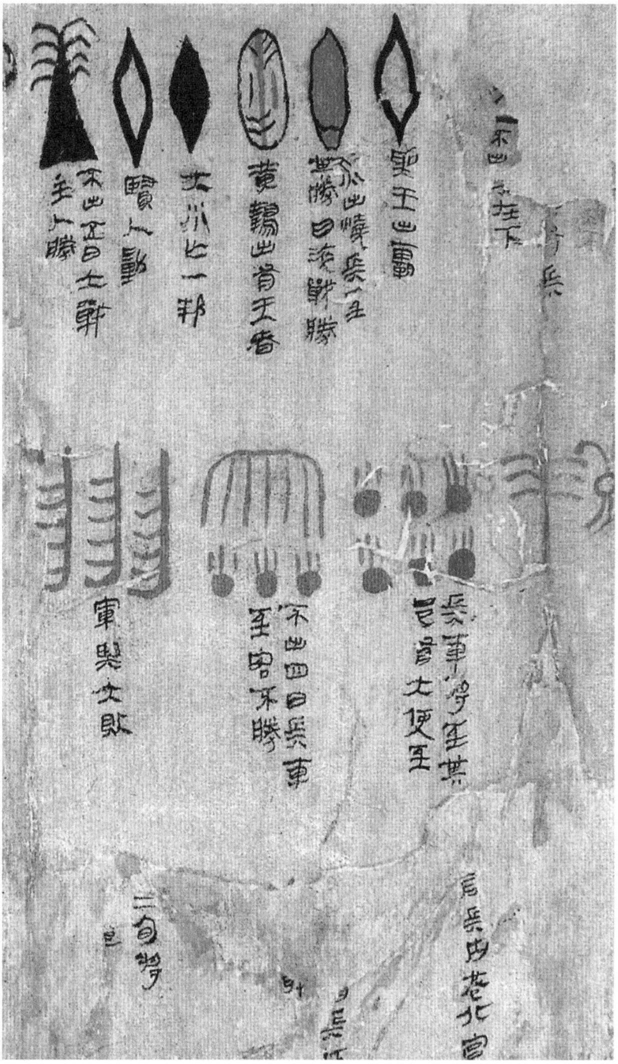

天文氣象雜占圖，長沙馬王堆漢墓出土

清末畫家吳友如有一幅《赤焰騰空圖》，畫的是南京朱雀橋上行人如雲，眾人都抬起頭，仰望天空，爭相觀看一團團熠熠火焰的情景，畫面上方題記道：「九月二十八日，晚間八點鐘時，金陵城南，偶忽見火球一團，自西向東，形如巨卵，色紅而無光，飄蕩半空，其行甚緩。維時浮雲蔽空，天色昏暗。舉頭仰視，甚覺分明，立朱雀橋上，翹首跂足者不下數百人。約一炊許，漸遠漸滅。有謂流星過境者，然星之馳也，瞬息即杳。此球自近而遠，自有而無，甚屬濡滯，則非星馳可知。有謂兒童放天燈者，是夜風暴向北吹，此球轉向東去，則非天燈又可知。眾口紛紛，窮於推測。有一叟云，是物初起時微覺有聲，非靜聽不覺也，係由南門外騰越而來者。嘻，異矣！」

吳友如這則題記是詳細而生動的目擊現場紀錄：火球過南京城的時間、地點、目擊人數、火球大小、顏色、發光強度、飛行速度和各種猜測，皆有明確記述。吳友如不乏「新聞採訪」的素質，此時他不忘採訪知情人「老叟」，老叟說他聽到火球發出微微的響聲。

這些目擊者記下的文字與圖像，多被視為奇異天象。它們到底是天象還是天外來客，無有定論。或許，在歷史的褶皺裡，外星生命早已頻頻光顧，閃爍不定的飛行物，成為古人日常生活中的一部分。

四目神的眼睛

四目神是龍王廟壁畫中常見的神，尤以明、清兩代的龍王廟最為常見。近年來在偏遠地區的寺廟遺跡中多有發現，以涿鹿塔爾寺村龍王廟和延慶董家溝村龍王廟較為典型。再往前追溯，山西的元代永樂宮壁畫中也有四目神出現。

壁畫中的四目神形象多是身著長衫，頭戴儒巾，儼然古時的儒士。在龍王行雨的壁畫中，四目神雙手向上平舉曲尺；而在行雨之後打道回府的場景中，四目神則是懷抱著曲尺。四目神的主要職責是丈量布雨的範圍和深度，從技術層面對龍王降雨工作進行監督，測量降雨量和降雨範圍。

最奇特的是，四目神有四隻眼睛，盯著它的眼睛看，會有眩暈的感覺，令人不敢久視。究其原因，是因為人腦對面部識別有一種視覺定式，四隻眼睛的面部造型，使觀者的視覺無法聚焦，造成面部識別的視覺誤差，大腦識別時發生障礙而短路，故而出現眩暈。

民間的迷信觀念中，認為壁畫上的四目神之所以給人帶來眩暈，是因為壁畫中藏有特殊靈性，帶有致幻魔力。這是一種古老的「視覺巫術」，使人們平添敬畏之心。

四目神的形象由來已久，一般認為這是倉頡，《淮南子》中就有「倉頡四目」的記載。倉頡是黃帝時代的賢者，一說是黃帝的史官，機智過人，過目不忘，仰觀天文，俯察地理，觀察龜背紋理、鳥獸昆蟲爪痕、山川形貌和手掌指紋，這些自然界的物象都成為其靈感的源泉，經過系統歸納，終於以驚人智慧創造出象形文字，一舉革除「結繩記事」之陋，與黃帝等人一道皆成為傳說中的「文化英雄」。

《淮南子》載：「昔者倉頡作書，而天雨粟，鬼夜哭。」乾隆版《白水縣志》更是將倉頡神化，使其愈發神奇：「倉頡，陽武村人，龍顏四目，生有睿德。黃帝命為左史。觀奎星圜曲之勢，察鳥獸蹄迒之跡，依類象形，始創文字。天雨粟，鬼夜哭，龍亦潛藏。終葬今史官村北黃龍山下。書二卷，後漢司杜林注。隋亂不傳。」

倉頡造字後，文明的曙光降臨，蒙昧遠去，無疑是驚天動地的變化。文字的出現，本應是集體創造之功，卻歸之於倉頡一人身上，使他在某種意義上成為象徵符號，他已經不是個體的人，而是附加太多神聖光環的理想人物。

▶ 四目神，山西芮城永樂宮壁畫
◀ 四目神，延慶董家溝村龍王廟壁畫

不過，人們還是寧願相信有這樣一位古聖先賢的存在，他以一己之力播撒文明曙光，英雄的傳奇到處流布。從漢代開始，倉頡逐漸被神化，或因其多見多識，明察於秋毫之末，兼之古人對古聖先賢的崇拜，進而使倉頡出現「四目」的造型。例如《論衡》所載：「倉頡四目，為黃帝史。」根據典籍的「四目」描述，後世的倉頡畫像也多沿用這個形象，歷代的人物繪本，例如《歷代古人像贊》、《三才圖會》、《歷代帝王聖賢名臣大儒遺像》等，倉頡都是四隻眼的形象，以彰顯其多知多聞。這些畫像雖然形態各異，但有一點完全相同——倉頡的四隻眼睛不可久看，不然就會有陣陣目眩。平靜的紙面上忽然有了一陣旋渦，稍不留神，就會陷入其中，不能自拔。

因倉頡有四隻眼，眼力異於常人，什麼都逃不過他的眼睛，所以民間又以倉頡做為龍王廟的陪祀之神，希望倉頡以四目之明察，監督龍王的行雨工作，勿使雨多而澇，勿使雨少而旱，農耕時代的降雨是農民心目中的大事。又因倉頡造字時曾感動上天，致使「天雨粟」，這一天，天上落下糧食，即二十四節氣中「穀雨」的來源。龍王廟是農民求雨之所，倉頡既能明察，又能使「天雨粟」，因而成為龍王的陪祀神，更加相得益彰。

從造字的文化英雄，到龍王身邊的「雨量測量員」，倉頡的變化不可謂不巨，這種現象可看成是上古神話人物在民間風俗中的神格轉變。因時殊事異，上古神話日漸式微，原本被神化的古聖先賢發生「降格」，成為民眾喜聞樂見的俗神。民間造神的邏輯，自有其實用的一面。

山魈考

古人認為山魈是木石之怪，藏在山間作祟，恐嚇路人，使人染上熱病。山魈通常只有一隻腳，外形像人，渾身生滿毛髮。山魈的行跡隱匿於山石及莽林之間，偶爾現身之時，便作怪相，用一隻腳蹦跳著前行，雙臂搖晃著維持平衡，它的出現足以使往來的行客躊躇不敢前行。

山魈的身世複雜且古老，原型可以追溯到《山海經．海內南經》的梟陽：「梟陽國在北朐之西，其為人，人面長脣，黑身有毛，反踵，見人則笑。」這裡提到的梟陽樣子像人，嘴唇長可遮過額頭，渾身黑毛，腳掌朝後，披頭散髮，手執竹筒。這類妖怪喜歡抓人，抓到後便仰天長笑，大笑之時，長脣翻轉，蓋住額頭，直到笑夠了，才開始吃人。可見，梟陽是傷人性命的山中精怪。梟與魈同音，或是其流傳中的化身。

山魈的化身眾多，三國時代孫吳學者韋昭的《國語注》：「夔，一足，越人謂之山

山魈，溥心畬作

繰。或言獨足魍魎，山精，好學人聲而迷惑人也。富陽有之，人面猴身，能言。」山繰即山魈。在這裡，山魈又與獨腳夔獸互滲，世傳夔是獨腳怪獸，有牛形、龍形和猴形三種，其中猴形者便是山魈。神話學家袁珂認為，猴形的山魈後來成為孫悟空的原型之一，可見神話故事增殖的一條祕密途徑，神通在山魈身上無限疊加，終致溢出，派生出新的物種。乾隆本《黔陽縣志》則認為楚人奉祀的三霄娘娘之類俗神，即是山魈的音轉。山魈的身分因帝國時空的廣袤而愈發混沌，可看作是它的神通——其極力隱藏身分，若想一窺其行蹤，便立刻陷入重重迷霧。

祖沖之《述異記》有一個較為完整的故事，富陽有一王姓漁夫在河裡預先設置蟹籠來捕蟹，第二天早上去收蟹籠，發現蟹籠總是被一根長二尺多的木頭撞開柵欄，蟹都從豁口處跑光。這種怪事一連出現三次，漁夫認為這根木頭是妖怪，就把木頭裝進蟹籠，要拿回家燒掉。原來這塊木頭正是山魈所變，出奇的是，以山魈的神通，居然被困在蟹籠裡，難以衝破竹篾編織的籠子，蟹籠在這裡被賦予某種鎮壓邪祟的神異屬性。山魈在蟹籠中現出原形，向漁夫求饒，並自陳「我性嗜蟹」，希求漁夫寬宥，漁夫則不為所動；問漁夫的名字，漁夫置之不理。據說山魈知道人的名字後，會透過喚取姓名致人昏迷，這個機智的漁夫選擇默不作聲。回到家後，山魈就被漁夫填在灶裡燒成灰燼，人在故事裡戰勝山魈。

蒲松齡《聊齋志異》寫到書生遭遇山魈的故事，書生在山寺中讀書，夜間忽有不速之客造訪，是個龐然大物，「面似老瓜皮色，目光睒閃，繞室四顧，張巨口如盆，齒疏疏長三寸許，舌動喉鳴，呵喇之聲，響連四壁」，書生用刀刺怪物的腹部，卻不能刺入，怪物伸出利爪，只抓住書生的棉被，隨後就不知去向，這隻怪物就是山魈。驚魂初定，書生開啟窗格，但見松濤翻滾，山如鐵脊，只有月光朗照，山林之間白茫茫一片，而山魈早已不見蹤影。

山魈自山林間出現，又消失在山林中。古時林木茂密，山林被動物占據，博物之君子也難一一指認動物的身分。妖怪的起源，多是人類對未知動物的偏見，所謂「北方多狐媚，南方多山魈」，妖祟的地域分野，也與自然環境密切相關。北方乾燥，多土丘，則狐多；南方溼潤，叢林葳蕤，則有山魈出沒。用今天的眼光來看，山魈即是猿猴之類，甚至有一種原產非洲的猴子也被命名為山魈。牠們是最為凶悍的靈長類，能和獅子搏鬥，而紅藍相間的花臉形同鬼魅，又能發出像人一樣的笑聲，與中國古代傳說中的山魈極為相近。

古代典籍中的狌狌、狒狒等動物，也是山魈的亞種。《禮記》曰：「狌狌能言，不離走獸。」狌狌即猩猩，《爾雅》載：「狒狒如人，被發迅走，食人。」這些靈長類動物與人形相近，在野外猝然與之相遇時，帶來的恐慌極為強烈。它們來自未知的世界，而且面目可憎，在祕傳的故事中，它們還有吃人的惡行，這些都為山魈故事增添磚瓦。

博物學的缺失之處，正是妖怪登場之時。紀曉嵐《閱微草堂筆記》中似乎隱隱觸碰到山魈的博物學邊界，他認為山魈「非鬼非魅，乃自一種類，介乎人物之間者也」，只不過囿於見知，他也未能完全區分物種之間的差異。

山魈在民間還有代際傳遞、口耳相傳的故事，正是古代神話的孑遺。這些口頭講述形成集體記憶，甚至左右著民族文化心理。時至今日，還可以聽到山魈的故事模型，例如湖北神農架的野人傳說，有眾多目擊者聲稱親眼見到野人的形跡。雲南則有「獨腳五郎」的傳說，即是獨腳山魈的後身。喜馬拉雅山麓的大腳雪人傳說，也是其流風所致。這些新式的山魈樣本彷彿從古代走來，它們藏匿在深山老林、不為人知的折疊空間。

古代妖怪的神性淡去，這些新式的山魈，人們更願意把它們看作是未知物種。山魈一族的源流未斷，只不過它們的神通不再，地盤愈來愈小，僅存的幾處山林還有其蹤跡，藏身之處極為隱祕，無從尋找。放眼紅塵之內，到處都被它們的靈長類近親占據。

木客，溥心畬作

含沙射影的蜮

蜮是一種古老的水怪，生長在南方的山溪中，口中能射出毒沙，只要射到人的影子，此人輕則生瘡，重則喪命。古時山深林密，登山涉水之際，多有毒蟲猛獸害人性命，蜮便是令人生畏的水怪，承擔人們對未知水域的恐懼，而現實世界卻難覓蜮的蹤跡。

按張華《博物志》載：「江南山溪中，水射工蟲，甲類也，長一、二寸，口中有弩形，以氣射人影，隨所著處發瘡，不治則殺人。」干寶《搜神記》亦載：「其名曰蜮，一曰短狐，能含沙射人，所中者則身體筋急，頭痛發熱，劇者至死。」葛洪《抱朴子》認為蜮是形狀像蟬的飛蟲：「吳楚之野有短狐，一名蜮，一名射工，一名射影，其實水蟲也。狀如鳴蜩，狀似三合杯，有翼能飛，無目而利耳；口中有橫物角弩，如聞人聲，緣口中物如角弩，以氣為矢，則因水而射人，中人身者即發瘡，中影者亦病。」從這些記載中可以看到，蜮的形貌不一，但用毒沙射人的特徵幾乎一致。

《竹書紀年》提到蜮的來歷：「周惠王二年（西元前六七五年），王子頹亂，王出居鄭。鄭人入王府多取玉，玉化為蜮射人。」按此說法，蜮是玉石所化。《洪範五行志》則認為蜮「生於南越，南越婦人多淫，故其地多蜮，淫女禍亂之氣所生也」。因是淫邪之氣所化，蜮有劇毒傷人，這裡暗含一種道德評判。

南方瘴癘之地，像蜮這樣的害人蟲真不在少數。《詩經．小雅．何人斯》云：「為鬼為蜮，則不可得。」所謂鬼蜮世界，即凶險之地。《楚辭．大招》也有「魂乎無南，蜮傷躬只」的句子。古老的南方充斥著毒蛇猛獸，還有暗箭傷人的蜮，防不勝防。後來有「含沙射影」的成語，指的是暗中攻擊或陷害人，也是由蜮這種怪物得來的比喻。

如此陰毒的水怪，卻有人以此為食。《山海經．大荒南經》有蜮民國：「有蜮山者，有蜮民之國，桑姓，食黍，射蜮是食。」這是一個神奇國度，國人姓桑，還射殺蜮做食物。傳世的《山海經》圖本中，蜮民的形貌是彎弓射箭的獵手，蜮成為他們口中的美食，所射之蜮也出現獸形和鱉形兩種不同版本。

蜮民國對付蜮是用箭射，除此之外，還有很多方法可以克制。《周禮》中有一個官職叫「壺涿氏」，主要工作是「掌除水蟲，以炮土之鼓驅之，以焚石投之」，壺涿氏所除的水蟲就是蜮。有兩種方法，一種是敲打瓦製的鼓來驅逐蜮，另一種是用燒燙的石頭投擲，可把蜮燙死。葛洪《抱朴子》中還開出一個旅行必備的藥方：將等量的雄黃和大蒜一起搗碎，外出時帶雞蛋大小的一丸，被蜮射中生瘡之際，用該藥塗抹瘡口，即可痊癒。此外，葛洪還提供一個方法，蜮在冬天蟄伏，可在大雪天尋找；「此蟲所在，其雪不積留，氣起如灼蒸」，掘地挖出來，陰乾後研成粉末隨身攜帶，夏天出行就不會被蜮傷害。李時珍《本草綱目》開出的藥方是：「以小蒜煮湯浴之。」《埤雅》則認為蜮最怕鵝——「鵝能食之，《禽經》所謂鵝飛則蜮沉」，因此可以放鵝把蜮吃掉。《毛詩陸疏廣要》中說南方人在渡河之前，「先以瓦石投水中，令水濁，然後入」，這樣一來，自己的影子就會渙散不清，蜮就無從下口了。

這些方法看上去無懈可擊，面對看不見的威脅，古老的智慧總會想出對策，並將其發展為一種令人信服的學說。針對想像中的動物，人們使出渾身解數，蜮的形象反而得以深入人心。

與蜮相似的還有幾種怪物，《埤雅》記載一種怪蟲蛷螋，「遺溺中影，則疾人」，即撒尿在人影處，人身相應的部位就會生瘡。《南中志》中又有鬼彈，「惡物作聲，不見其

蜮，清雍正內府版《古今圖書集成》

清刊本《欽定補繪離騷圖》，中間的三足鱉即是蜮

形，中人則青爛」，無形無質，更是近乎鬼魅般存在。

古人認為氣類相感，人的影子亦是人體的一部分，甚至是魂魄凝聚在其中，才有含沙射影致病之說。蜮的存在令人困惑，就連李時珍談到蜮時也說：「萬物相感，莫知其由。」說不出個究竟。蜮這種怪物，始終停留在傳說中。

比肩獸的尷尬

比肩獸見於古籍中，是一種頗為奇異的疊加式組合。例如《爾雅》提到：「西方有比肩獸焉，與邛邛岠虛比，為邛邛岠虛齧甘草，即有難，邛邛岠虛負而走，其名謂之蟨。」這裡可以看到，比肩獸是蟨和邛邛岠虛的合體。蟨的腳長短不一，使它舉步維艱，但卻心思機敏，善於覓食，經常採甘草給一種叫「邛邛岠虛」的動物吃；當然不是白幫忙，等到蟨有難時，善於奔跑的邛邛岠虛便把蟨背在背上，共同逃跑。

這是一種相互合作的共生關係，一榮俱榮，一損俱損。覓食和躲避天敵，確實是動物界的兩大根本問題，比肩獸的合作足以取長補短。從《爾雅》的記載來看，比肩獸即是蟨，蟨即是比肩獸。袁珂先生則認為蟨與邛邛岠虛二獸合稱比肩獸。也有人認為比肩獸的形貌極似袋鼠，因《呂氏春秋》有載：「北方有獸，名曰蟨，鼠前而兔後，趨則跲，走則顛，常為邛邛岠虛取甘草以與之。蟨有患害也，邛邛岠虛必負而走，此以其所能托其所

比肩獸，清嘉慶刊本《爾雅音圖》

跊踢，清刻本《增補繪像山海經廣注》

不能。」所謂「鼠前而兔後」，即頭部像鼠，後腿像兔，與袋鼠的外形相去不遠。

袋鼠在育兒袋中的幼獸，也與母體形成奇異的雙頭組合；而袋鼠遠在大洋洲，在中土見不到，這種說法似乎又難成立。

如果疑似袋鼠只是一種巧合，那麼比肩獸的存在，更像是古人的拼接術——透過疊加變形，得出一種不存在的動物，使之成為觀念中的動物。古代的道德家看來，比肩獸的出現與君王的品行相關。《宋書》所謂「比肩獸，王者德及矜寡則至」，比肩獸成為君主道德的晴雨表，它的出現隱隱昭示著「兼聽則明」的賢明，這使其身價倍增。雖然面目模糊，沒有人能描繪其形貌，《爾雅》及《三才圖會》中的比肩獸大相徑庭，前者似羊，後者似鼠，看來，每個人心目中都有自己想像的比肩獸，它的形貌似乎只取決於畫師的喜好。

形貌曖昧不清的比肩獸做為一種古老的吉祥物，未能廣泛流布，只是躲在古籍的角落裡，或許與其面目模糊有關。不過，比肩獸家族裡又有一些面目相對清晰的旁支，它們的存在使比肩獸的瑞獸身分顯得尷尬，是其揮之不去的陰影。

與比肩獸相近的有怪獸跊踢，《山海經．大荒南經》載：「南海之外，赤水之西，流沙之東，有獸，左右有首，名曰跊踢。」跊踢算是比較古老的一種比肩獸，做為四足動物，它有兩個頭，生在身子兩側，左右各一，但卻行動不便，左邊的腦袋想往左，右邊的腦袋想往右，僵持不下。由跊踢生出的詞彙有怵惕，意為驚恐焦躁，李白〈古風〉有這樣的句子：「鼻息干虹霓，行人皆怵惕。」說的即是怵惕的惶恐，可見它不算是什麼好獸，更像一個古老的寓言，在踟躕不前的扭曲掙扎中，迷失自身存在的意義。兩個腦袋相悖離，頗含有些諷喻的意味。

比肩獸家族中，最有名的當是狼狽。狼和狽的組合全然搶了比肩獸的風頭，在民間頗有聲望，這得益於口頭傳說的加持。狼狽的早期樣本見於唐人段成式《酉陽雜俎》：「狽前足絕短，每行常駕於狼腿上，狽失狼則不能動，故世言事乖者稱狼狽。」明代博物學家李時珍在《本草綱目》引《食物本草》：「狽足前短，能知食所在。狼足後短，負之而行，故曰狼狽。」狼本是凶獸，有了狽出謀劃策，則惡行更甚，故有「狼狽為奸」之說。狼和狽這一組比肩獸，身上已無祥瑞之氣，濃眉大眼的比肩獸形象土崩瓦解。

比肩獸的墮落皆因生了兩個腦袋，行動難以協調。由䟡踢、狼狽等獸名演化而來的詞彙，表達的狀態皆是尷尬及混沌不清，兩個腦袋各懷心事，對身體發出的指令也是互相抵牾，從一開始，它的尷尬就在所難免。這自相矛盾的獸，原本可以互相扶持，最終卻事與願違。

猿猴盜婦

猿猴盜婦是古代志怪中流傳甚廣的一種故事模型，始見於西漢焦延壽《焦氏易林》：「南山大玃，盜我媚妾，怯不敢逐，退然獨宿。」玃即猿猴，生長在山高林密之處，《山海經．南山經》：「堂庭之山，多白猿。」葛洪《抱朴子》則認為：「猴壽八百歲變為猿，壽五百歲變為玃。」玃似乎是猿猴的高級形態。這隻玃奪走人的美妾，而夫家畏懼，不敢去追，只能孤單一個人。這四句雖短，卻已是一個相對完整的故事。

西晉張華《博物志》有新的演繹：「蜀山南高山上，有物如獼猴。長七尺，能人行，健走，名曰猴玃，一名馬化，或曰豭玃。伺行道婦女有好者，輒盜之以去。」這些獼猴盜走女子，即霸占為妻。這些女子「十年之後，形皆類之，意亦迷惑，不復思歸」，生的孩子都像人，送回女家去撫養。更為出奇的是，「有不養者，其母輒死，故懼怕之，無敢不養」。這些人長大後都姓楊，據說蜀中楊姓多是猴玃的子孫，經常會顯露出尖銳的爪，成

孫悟空，四川綿竹年畫（清）

為一個聚居的族群。

到了唐代，有一篇傳奇小說，題為〈補江總白猿傳〉，說的是南朝梁將歐陽紇遠征到嶺南，還帶著美麗的妻子。當地人對他說：「將軍何為挈麗人經此？地有神，善竊少女，而美者尤所難免，宜謹護之。」歐陽紇聽了甚是驚懼，夜裡嚴加防護，將妻子藏在屋中。即便如此，妻子還是不知所蹤。看來妖怪所使用的應該是「隔空取物」之類的法術，將歐陽紇的妻子盜走。歐陽紇開始了漫長的尋找，原來這山中藏著一隻修行千年的白猿，洞府中有掠奪來的三十個美女，其中就有歐陽紇的妻子。後來，趁著白猿外出，歐陽紇摸到洞府，見到妻子，得知白猿的弱點：「遍體皆如鐵，唯臍下數寸，常護蔽之。」在白猿酒醉時，歐陽紇刺殺白猿。這時，歐陽紇的妻子已經懷有身孕，後來生了一個兒子，博學多才，聞名一時，只不過長得像猿猴。據說這是當時人為了汙衊書法家歐陽詢而作，歐陽詢長相醜陋，有猴相，所謂「唐時風氣，往往心所不慊，輒托文字以相詬」。〈白猿傳〉本是歐陽詢的政敵誹謗之作，卻成就一篇曲折離奇的故事。

南宋周去非《嶺外代答》中寫到桂林的猴妖，可以看作是〈白猿傳〉的後續：「靜江府疊彩岩下，昔日有猴，壽數千年，有神力變化，不可得制，多竊美婦人，歐陽都護之妻亦與焉。歐陽設方略殺之，取妻以歸，餘夫人悉為尼。猴骨葬洞中，猶能為妖，向城北民居，每人至必飛石，惟歐陽姓人來則寂然。」猴妖死後，骨頭還能作怪，見了姓歐陽的人就寂然無聲，猴精雖死，卻進入另一種形態，介於虛態和實態之間，妖性似乎也更大了。

後來，猿猴盜婦的故事又生出新的枝節。宋話本《清平山堂話本》中有一篇〈陳巡檢梅嶺失妻〉，故事發生在宋徽宗時期，有一人名叫陳辛，金榜得中，去廣東做巡檢，行到梅嶺時，陳辛的妻子被猴精掠去，後經紫陽真人解救，夫妻才得以團圓。值得注意的是猴精的高超法力：「神通廣大，變化多端，能降各洞山魈，管領諸山猛獸，與妖作法，攝偷可意佳人，嘯月吟風，醉飲非凡美酒，與天地齊休，日月同長。」法力著實高強。另外，它還有個名號，叫做「齊天大聖」，而《西遊記》中孫悟空的名號也叫「齊天大聖」，占據山林洞府的猿猴精，已然粗具孫悟空的形貌。《西遊記》的故事來源駁雜，吸收這類猿猴精的故事元素，熔為一爐。

這類故事還有很多，例如明代馮夢龍《喻世明言》的〈陳從善梅嶺失渾家〉、凌濛初《初刻拍案驚奇》的〈會骸山大士誅邪〉等，內容大同小異。這些故事或許有一些猿猴攻擊人，以及搶奪財貨的真實影子，而「盜婦」似乎更加引人入勝。野史中，猿猴實現法力

猴官，武強年畫（清）

的不斷升級，甚至可以變化成人形，直到《西遊記》，猴精才改掉「貪淫好色」的毛病，經過作者淨化，最終成為令人喜愛的英雄形象。

人魚之戀

一

西元四二三年春天，永嘉太守謝靈運出遊。沿著沐鶴溪信步而行，兩岸山水奇秀，草長鶯飛，真令人目不暇接。溪邊忽有兩名女子在浣紗，走近細看，兩人生得容貌娟秀，儼然是越女西施重現。謝靈運是當時最優秀的詩人，此情此景，他禁不住吟詩一首：

我是謝康樂，一箭射雙鶴。
試問浣紗娘，箭從何處落？

詩中似有挑逗之意，兩個女子聽了，不予理睬。謝靈運見狀，立刻又作一首：

浣紗誰氏女？香汗溼新服。
對人默無言，何事甘良苦？

這首詩的挑逗意味更加明顯，但聽得二女吟道：

我是潭中鯽，暫出溪頭食。

食罷自還潭，雲蹤何處覓？

話音剛落，兩位女子就消失不見，但見青山隱隱，煙水茫茫，佳人的蹤跡無從尋覓，謝靈運只得悵然而歸。

細看這則出自《太平廣記》的故事，是兩個鯽魚精撩撥起謝公的情欲。古代志怪中，多有魚類化為人，與紅塵中人相愛的故事模型。謝靈運遇到的鯽魚精還算是善類，轉瞬即逝，其出場彷彿只為了道破自身的祕密；而謝公的輕佻，使她們見識到世間的汙濁，遂轉身離去。

魚變化為人，是「物老則怪」的道家觀念，動物的年齡如果異乎尋常，多則上千年，少則三、五百年，就能化作人形。它們來到人世間，不得不小心翼翼，所謂「非我族類，其心必異」，一旦說破身分就岌岌可危。

同是《太平廣記》中，還有魚變為男性，努力融入人類社會的故事。三國東吳的餘姚縣有個百姓叫王素，家中有個十四歲的女兒，貌美無雙，王素甚是愛惜，捨不得把她嫁出去。有一天，忽然來了一個求婚的少年郎，「姿貌玉潔，年二十餘」，這個年輕人自稱江郎，願娶王素的女兒。王素夫妻見這個少年生得貌美，便把女兒許配給他。轉過年來，江郎妻懷孕，到了年底，產下一個絹囊式的異物，用刀剖開，裡面滿滿的都是白魚子。王素夫妻懷疑江郎不是人類，趁夜間江郎就寢後，把他的衣服藏起來，這些衣服都隱隱有鱗片的紋路，細看又光華閃爍。

第二天早上，江郎起床找不到衣服，大聲咒罵。家人趕來觀看，見床下有一條六、七尺的白魚正在掙扎，王素急忙上前將魚砍斷，扔到江中，王素的女兒後來改嫁。看來，跨物種的通婚是不被祝福的，魚精遭到厭棄，融入人類社會失敗，而且還丟掉性命，雖然有神通變化，卻也算計不過人類。

二

這些人魚相戀的故事似乎過於古老，情節相對簡單，它們有著更為古老的原型。《山海經》有「人面，手足，魚身，在海中」的陵魚，此外還有氐人、互人、赤鱬等人面魚身

人魚，一五九〇年《謨區查抄本》

的怪物，人和魚的關係變得曖昧不清，兩者之間似乎在尋找某個彼此認可的最大公因數，身體元素的拆解與重新拼貼，造出大批妖異的新型物種，實為後世人魚故事之濫觴。

《搜神記》又有鮫人：「南海之外有鮫人，水居如魚，不廢織績，其眼泣則能出珠。」陵魚和鮫人的出現，只有外貌和神異的功能之陳述，故事在傳播中增添枝葉，它們模糊的影子終得清晰。據陶思炎先生《中國魚文化》的考證，民間故事中的孟姜女即是鮫人故事的變體——她善織善繡，為丈夫萬喜良做寒衣；哭倒長城時現出善哭的一面；曾送丈夫一顆寶珠，含在嘴裡就能不渴不餓。孟姜女哭倒長城後，秦始皇見她貌美，想納為妃子，她投水變成白魚。孟姜女顯露出來的神通都與《搜神記》的鮫人特點吻合。在江淮地區流傳的孟姜女歌謠也有這樣的唱詞：「鯉魚就是奴家變，細眼紅尾苗條身，世人對我多珍重，捧上桌案敬神靈。」從中或許可以看到民間敘事中暗含的原型密碼，上古的神話並未消散，而是在民間祕密傳遞。

從魚到人的變身，是先民的認知從自我感觀出發，往往以自身解釋自然界，進而把自身與外物混同起來，進入物我混一之境。我中有物，物中有我，即莊子所謂「齊物」。終於，人的元素占了上風，從半人半魚的怪物，到人格化的魚精，可驚可怖的原始巫風消散殆盡，而代之以旖旎絢爛。

三

還有一種水中怪物介於人和魚之間，難以歸類，更像是博物學層面的未知物種，這種生物叫做「海人魚」。林坤《誠齋雜記》載：「海人魚狀如人，眉目口鼻手足皆為美麗女子，無不俱足。皮肉白如玉，灌少酒便如桃花。髮如馬尾，長五、六尺，臨海鰥寡居多取養池沼。」這裡出現的海人魚，是一種與人幾乎完全一樣的生命體，幾乎看不到魚的特徵，而且是「美麗女子」。所不同者，它們可以和魚一樣生活在水中，所以沿海地區的單身漁民多抓來這種人魚養在池塘裡，以備不時之需。

據《徂異志》載，北宋的使臣查道出使高麗國，在海上遇到這種海人魚。某日傍晚，查道的使船停泊在一個不知名的海島，忽然望見海島沙灘上有一個女子，「紅裳雙袒，髻髮紛亂，肘後微有紅鬣」，查道命水手用竹篙將這個女子扶到水中。女子到了水中，向查道施禮，隨後不見，原來她擱淺在沙灘上。水手不認得這是何物，查道儼然是個潛伏已久的博物學家，他說：「此人魚也，能與人奸處，水族人性也。」

海人魚是人類欲望投射的暗影，海濱之民視之為玩物。海人魚膚白貌美，可以豢養在池塘或水缸。文獻中提到的海人魚，皆強調玩偶功能，不存在真正的情愛，僅表現為淫欲的滿足，這是道德淪喪，還是海人魚的悲劇？因為海人魚的特殊身分，道德家無從置喙，陰暗的故事得以萌發。

清代畫家聶璜《海錯圖譜》繪製過海人魚的畫像，他畫的人魚是雄性，四肢皆有，皮膚黑色，頭髮金黃，眉目鼻眼都和人相似；所不同者，人魚的後背有鰭，臀後有短尾，手指之間有連蹼，這些水族特徵似乎足以說明它來自水中。在風雨交加的夜晚，海人魚還會「騎大魚隨波往來」，看起來，它們的生命活力極為充沛。

或許，在未知的海洋深處，真有這樣一支人類的遠親，它們早已退守海洋的深處，處處躲避著人類。

四

人和魚相戀的故事，能夠圓滿的似乎太少，這豈能滿足國人的「大團圓」情結？終於，有一個花好月圓的故事姍姍來遲，該故事出自《聊齋志異》的〈白秋練〉。這一次，蒲松齡照樣出手不凡。故事的男主人公慕蟾宮是商人之子，有文才，在船頭吟詩，被美女白秋練看中，她的原身是一頭白鱘豚。白鱘豚是一種淡水鯨，雖有魚的外形，卻是哺乳動物，生活在長江中下游，是中國的特有物種，如今已經絕跡。白鱘豚成精，也真是空前絕後。白秋練和慕蟾宮相愛，這時卻逢洞庭龍君選妃嬪，聽聞白秋練貌美，想要納入龍宮。這類故事中，每到危機時刻，都有法力高強的人物出現。在白秋練的指引之下，慕蟾宮手持魚腹綾去求一位得道的真君，真君在綾上寫了一個「免」字，如畫符之形。也不知這位真君是何來歷，法力真高強，迫於真君的壓力，從此老龍不敢再打白秋練的主意。幾經波折，二人終成眷屬。白秋練還保留著水族的生活習性，隔三岔五需要去出生之湖浸泡，才能保持生命的活力，於是慕蟾宮舉家遷到湖畔居住，完美解決這個問題。就像童話故事說的一樣，他們幸福地生活在一起。

民間祕密傳遞的人魚相戀故事也出現在戲曲中，越劇的傳統劇碼《追魚》就是人和鯉魚精的一段奇緣。故事說的是北宋嘉祐年間，應天府有個書生名叫張珍，父母在世時，曾與丞相金寵的女兒金牡丹指腹為婚，不幸的是，張珍父母雙亡，不得不千里迢迢來金府投親。不料金寵見他衣衫襤褸，很不高興，就藉口「金家三代不招白衣女婿」為由，命他在碧波潭前的書房攻讀，等到考中功名，方能完婚，張珍只得答應下來。其實金寵見張家敗落，便想賴掉婚約，從此婚事再也不提。哪知碧波潭裡有一隻鯉魚精，她見張珍多情，而金寵和女兒嫌貧愛富，心甚不平，便化身為美麗的姑娘和張珍相愛。金寵得知後，請來張天師捉拿鯉魚精，鯉魚精發起大水，仍不能取勝。幸有觀世音菩薩前來搭救，鯉魚精忍痛剝下三片金鱗，丟棄千年道行，變成沒有法力的凡人，和張珍結為夫婦，也是有情人終成眷屬。《追魚》曾拍攝為電影，由越劇名家徐玉蘭、王文娟主演。鯉魚精大膽追求愛情，付出巨大代價，又絲毫無悔，這一藝術形象受到人們喜愛。同樣是大團圓的結局，鞭撻的卻是像金家父女一樣嫌貧愛富的勢利之輩，這就是戲曲的教化意義。窮與達之間的階層差異，導致難以結合，與異類鯉魚精的結合反倒不難，這真是莫大的諷刺。

古老的故事沒有終結，王小波的小說《綠毛水怪》，同樣是接續人魚之戀的傳統，主人公陳輝和楊素瑤是小學的同班同學，兩人的行為、思想都有些與眾不同，與周圍環境格格不入。他們在書店裡發現共同愛好，於是一起湊錢買書；兩人長大分開後，陳輝聽說楊素瑤游泳時溺水而死，悲傷不已。一次偶然的機會，他發現楊素瑤沒有死，而是變成半人半魚的水怪。陳輝決定和楊素瑤一起當水怪，卻因病未能成行。在海洋這片象徵著自由的理想世界裡，陳輝卻與最愛的人失之交臂。

人和魚相戀的故事綿延不絕，從上古時代面目可怖的半人半魚的精怪，到美貌智慧勇敢的女性形象，魚精走過漫長的演進道路——世間有太多不堪，對美好人性的訴求開始在魚精的身上層層疊加，從某種意義上來看，在魚的身上，得以豁然洞見人類的齷齪。

殭屍簡史

殭屍的本意是指死屍，《史記．淮南衡山列傳》：「殭屍千里，流血頃畝。」《水經注》亦云：「殭屍倚窟，枯骨尚全，唯無膚髮而已，當是數百年遺骸矣。」這裡說到的殭屍和後來的意思完全不同。殭屍在明、清的文人筆記中才大量出現，是一種死後不腐、能動能躐的妖怪，如同凶神惡煞般地存在，遇到殭屍的人多數難以自保。

電影中的殭屍形象多是清代官員的裝扮，朝珠補服，面部已然朽壞難辨，種種駭人怪狀，令人毛骨悚然。這種殭屍夜間出遊，雙腿併攏在一起，向前跳躍著行進，據說殭屍的膝蓋不會彎曲，所以只能蹦跳移動——這是我們最為熟悉的殭屍形象。

然而，電影只是誇張演繹。那些自古流傳的殭屍故事有所不同，殭屍的出沒，關乎時序風俗，亦可映照出世道人心。

殭屍精和骷髏精，桃花塢年畫（清）

古屍的神話碎片

殭屍是晚出的妖怪，若追溯其本源，《山海經》中即有刑天、王亥、猰貐、奢比、貳負等古屍。例如《山海經・海外西經》所記的刑天：「刑天與帝至此爭神，帝斷其首，葬之於常羊之山，乃以乳為目，以臍為口，操干戚以舞。」這是死後不腐，仍保有活力者。肢體雖已殘缺，卻比原先更為凶猛，刑天算是殭屍的始祖之一。

西漢時，劉向父子編輯整理《山海經》，當時是漢宣帝在位時期，某

殭屍觀月圖，溥心畬作

地有個石室塌陷，人們發現裡面有個戴著刑具且被反捆的人，便將其運到長安。宣帝知道後，問遍群臣，無人知曉。這時劉向說：「此貳負之臣也。」漢宣帝問他如何知道，劉向回答是從《山海經》裡看到，因此一見便知。漢宣帝大驚，找來《山海經》一看，果然吻合，於是朝野上下人人都爭讀《山海經》。

劉向所說的「貳負之臣」，是一個古老的故事。貳負之臣名叫危，危是貳負神的臣子。要說危的故事，首先要說貳負神，它是一個人面蛇身的天神。有一次，危和貳負殺死另一個人面蛇身的天神窫窳，黃帝知道後，便命人把危綁在疏屬山上，給他的右腳上枷，反綁雙手，拴在山頭的大樹下，後來死而不僵，一直到漢代才被人們發現。貳負之臣算是著名的古屍，後來，「貳負之臣」也成為叛徒的代名詞。

《永樂大典．屍字部》認為「古人立屍之意甚高，祭祀而立屍」。《山海經》裡那些不死的古屍，或是上古祭祀儀式的一部分，追憶祖先，威嚇仇敵，懲罰叛逆，屍的效果極為直接。上古神話最終消散在歷史的塵埃中，只剩下一些殘片，這些死而不僵的古屍，偶爾顯現出真容，經過重新組合，又生發出新的形象，為後世的殭屍故事提供隱祕的資源。

從旱魃到殭屍

除了上述古屍，《山海經》的女魃也與殭屍有關聯。《山海經．大荒北經》載：「有人衣青衣，名曰黃帝女魃。」這個青衣女子是黃帝的女兒，禿頭無髮，常穿青色的衣裳，所居之處大旱。在蚩尤與黃帝的大戰當中，黃帝命應龍蓄水，蚩尤請來風伯雨師，降下狂風暴雨。這時黃帝搬出女兒女魃，止住暴雨，蚩尤大敗，被黃帝所殺。儘管女魃在作戰中立功，但由於她所在的地方滴雨不至，災禍連年，黃帝便下令把她安置在赤水之北。但女魃是個不安分的傢伙，常四處逃竄活動，只要她出行，所過之處便大旱，人們又稱她為旱魃，認為天旱不雨是旱魃作祟。

《神異經》也提到旱魃的危害：「南方有人長二、三尺，其目在頂上，行走如風，名曰魃，所見之國大旱，赤地千里。」《詩經．大雅．雲漢》寫到旱魃帶來的災難：「旱既大甚，滌滌山川，旱魃為虐，如惔如焚。」這是古人歷經乾旱留下的沉痛經驗，對天災無從解釋，便有旱魃作祟之說。

將旱魃與殭屍聯繫在一起，是認為殭屍能吸水，該說法見於宋代的志怪筆記《夷堅志》。名叫劉子昂的人娶妾，有個道士看見他臉上有妖氣，便斷定他娶的妾不是人，而是妖怪。劉子昂不信，道士就來到劉府，讓人挑了十幾擔水，倒在院子裡。院裡都是水，唯有一個角落「水至即乾」，在此處挖掘，發現「巨屍偃然於地」，該屍「僵而不損」。劉子昂定睛細看，不是別人，正是新娶的妾。

乾旱是因為缺水，而殭屍的吸水功能，使之與旱魃聯繫起來。百姓認為旱魃借了殭屍的身子，袁枚《子不語》則認為殭屍年深日久就會變成魃，所謂「天應旱，則山川之氣凝結而成」。殭屍的出現帶來大旱，只要找到殭屍，將其毀壞，就能扭轉旱情。謝肇淛《五雜俎》載：「燕齊之地，四、五月間常苦不雨，土人謂有魃鬼在地中，必掘出，鞭而焚之，方雨。」這種風氣在河北和山東最為猖獗，找到魃鬼要用皮鞭抽打，然後焚燒，這已然成為一種求雨的儀式。在以農業為主要經濟來源的時代，氣候的旱澇變化最能牽動人心，乃至改易風俗。

然而，並非所有殭屍都是旱魃，如何尋找旱魃也是技術。于慎行《穀山筆麈》載：「北方風俗，每遇大旱，以火照新葬墳，如有光焰，往掘，死人有白毛遍體，即是旱魃，椎之輒雨，以此成俗，官不能禁也。」據于慎行所說，當時村野所謂之旱魃，乃指新死之屍骸而遍體生白毛者；而辨別新葬之屍是否為旱魃的方法，就是深夜用火去照墳頭，如果墳上有火苗出現，墳裡埋的就是旱魃，這為尋找旱魃提供了理論基礎。現在來看，這則記載應看作是當時的民俗志，從中可以窺見當時的風氣。

後來，這種風俗大有愈演愈烈之勢，難以收拾。張岱《石匱書》載：「濟南之俗，天旱則惡少年相聚，發塚暴屍，名曰『打魃』。」打魃是一種陋俗，每逢大旱，鄉間惡少便糾集同夥開掘墳墓，以「打魃」為幌子，實則為了盜墓，發不義之財，由此引發的糾紛與訴訟不斷。

死而不腐者化為妖

古人認為殭屍不但能導致大旱，還能遊蕩在棺外，害人性命。《西遊記》第二十七回「屍魔三戲唐三藏」，孫悟空打死的白骨精，化作一堆骷髏，行者告訴唐僧：「它是個潛靈作怪的殭屍，在此迷人敗本，被我打殺，就現了本相。」在這裡，白骨和殭屍的概念似乎不分彼此，一具白骨成精，也可稱作「屍魔」。

清人的筆記之中，殭屍就是骨肉俱全的了。紀曉嵐《閱微草堂筆記》把殭屍分為兩大類：「其一新死未斂者，忽躍起搏人；其一久葬不腐者，變形如魑魅，夜或出遊，逢人即攫。」

按照紀曉嵐的分類，新死的屍體偶然感受陽氣，發凶成怪，也即詐屍。《聊齋志異》有一篇〈屍變〉，說的是山東陽信縣有一旅店，有客人前來投宿。客店的老闆新死了兒媳，停屍在客棧中，尚未安葬。有一客未睡，忽見女屍揭衾而起，朝著幾個客官吹氣，被吹到的人後來都死了，醒著的那位客官拔腿狂奔，殭屍追出來，客官爬上樹，殭屍抱著樹，卻上不去，一直到天亮，殭屍抱著樹不動了。過往的行人發現殭屍，見它的指頭已經插進樹幹裡，「數人力拔，乃得下」。可見殭屍指力之猛，如果被抓到，只有死路一條。

死後許久的殭屍會在夜裡出來作怪，還是《聊齋志異》裡的故事，有一篇〈噴水〉寫到噴水的殭屍。萊陽有個官員宋玉叔，他的母親和兩個丫鬟睡在家宅的正屋，夜裡聽到院裡有「噗噗」的聲音，宋母讓丫鬟起來察看。丫鬟捅破窗戶紙往外看，不由得吃了一驚，「見一老嫗，短身駝背，白髮如帚」，在院裡繞圈走著，邊走邊噴水。宋母也來看，老嫗忽然靠近窗戶，朝著窗戶噴水，主僕三人皆倒地不起。到天亮時，宋玉叔才發現，悲痛欲絕，只有一個丫鬟尚有氣息；救醒後，丫鬟講述昨晚的遭遇。宋玉叔命人在院裡掘地三尺，發現一具殭屍，又命人敲打它，「骨肉皆爛，皮內盡清水」。

這類殭屍的出現，或與儒家的孝道有關。《論語》說：「生，事之以禮，死，葬之以禮。」《中庸》也說：「事死如事生，事亡如事存，孝之至也。」死後不下葬，就會被認為不合禮法。東晉衣冠南渡後，中原士人見南方多有死後長期不葬的風俗，對此頗有非議。南朝任昉《述異記》提到「不葬之咎，屍化為妖」，這是出於道德意義上的拷問。明、清以後的殭屍故事，也有類似的語境。

顏色和等級

歷代志怪筆記中提到殭屍最多的當屬袁枚的《子不語》，有大量冷僻的殭屍知識；也不知他究竟經歷了什麼，居然對殭屍種種細節瞭若指掌。在袁枚的不倦書寫之下，殭屍成為中國民間堪與狐狸精並列的兩大最著名妖怪，《聊齋志異》的狐仙與《子不語》的殭屍交相輝映。

做為妖怪的殭屍，外貌猙獰可怖。按照袁枚的說法，殭屍身上有毛，是所謂的「毛殭」，這應是黴變之狀，殭屍的毛像貓、狗一樣，毛茸茸的，儼然是身體的一部分。《子不語》的〈掘塚奇報〉提到杭州有盜墓賊朱某，平生以發掘古墓為生，所見的殭屍各式各樣，有紫殭、白殭、綠殭、黑殭之類，簡直五彩斑斕。根據毛色的不同，殭屍又分為不同等級，其中，新死不久的殭屍身上無毛，自然是危害最小的一種。紫殭即是死後不久的殭屍，身體呈紫色；而白殭就死得久一些了，外形是「遍身白毛，如反穿銀鼠套者，面上皆滿」，白毛遍布全身，只露出兩隻眼；綠殭則是「頸以下綠毛覆體，茸茸如蓑衣」；黑殭則見於陝西，又名「黑凶」，能入家宅中作亂。用今天的眼光來看，這些顏色不同的殭屍，應是黴變長毛，偶然被人看到，心驚膽戰之餘，便附會出殭屍的故事。

花色各異的殭屍只能算是初級，有些殭屍資歷老，品位高。《子不語》的〈飛殭〉提到一種會飛的殭屍，「能飛行空中，食人小兒」，請道士來捉怪，道士說飛殭「最怕鈴鐺聲」，最後用鈴聲將其降服。飛殭已經是高級形態，隨著時間的推移，飛殭會變成飛天夜叉，「非雷擊不死，惟鳥槍可斃之」。殭屍還有很多變體，《子不語》有一篇〈犼〉，說到殭屍的幾種變化：「屍初變為旱魃，再變為犼，犼有神通，口吐煙火，能與龍鬥，故佛騎以鎮壓之。」殭屍變為旱魃，旱魃中的上上之品又變成一種叫做「格」的妖怪，最為凶悍，「似人而長頭，頂有一目，能吃龍」，連風伯雨師見了都害怕，只要有陰雲聚攏、即將降雨之時，這妖怪「仰首吹噓，雲即散而日愈烈」。殭屍的這些變體都是朝著窮凶極惡的道路狂奔而去，愈變愈惡，最後變成異常凶悍的妖魔。像這樣的大凶之怪，在前代未曾出現過，在袁枚的故事中，殭屍已獲得新的生命。

殭屍的膝蓋

殭屍是已死之身，筋脈已然不通，失去生命體徵，故謂之殭，有僵硬、僵直之意，其膝蓋不能彎折，兩腿只能蹦跳著前行。袁枚《子不語》說到桐城錢某夜裡醉酒回家，「見樹林內有人跳躍而來，披髮跣足，面如粉牆」，這個殭屍「跳躍而來」，也是因為膝蓋不能彎折，難以像正常人一樣走路。清末的《點石齋畫報》中有「殭屍出嫁」的石印版畫，說的是寧波某戶人家娶親，用花轎將新娘迎娶回來，交拜之時，新娘「兩足如僵，不能跪拜」，眾人細看，原來新娘早已「氣息全無」，迎娶回來的新娘是一具殭屍。雖然能跳能躪，但畢竟是已死之身，除了不能走、不能跪，殭屍還不能攀爬，也不能轉彎，所有和屈膝有關的動作都做不了，所以遇到殭屍最好的辦法就是拐彎跑，或者爬到樹上躲避。

說到殭屍的膝蓋，還有一段趣事。清朝時，來華的洋人形貌古怪，被稱為「番鬼」。大清的官員曾一度認為洋人的膝蓋也像殭屍一樣動轉不靈，傳聞變成一種知識，乃至成為認知方式。乾隆五十八年（一七九三年）英國馬戛爾尼（The Earl Macartney）使團來華，希望與大清通商，覲見時，這些洋人不願跪拜。大臣們認為這些洋人不是不願向中國皇帝下跪，而是因為膝蓋不會彎曲，與當時流傳的殭屍故事如出一轍，更加坐實之前的猜測。鴉片戰爭前，兩廣總督鄧廷楨給道光帝奏摺中特別提道：「夷兵除槍炮外，擊刺俱非所嫻，而其腿足裹纏，結束緊密，屈伸皆所不便，若至岸上更無能為，是其強非不可制也。」一年後，就是鴉片戰爭爆發期間，浙江定海被英軍攻陷，林則徐急忙上書給道光皇帝，提出克敵制勝的祕鑰。他在奏摺中寫道：「一至岸上，則該夷無他技能，且其渾身裹纏，腰腿僵硬，一僕不能復起，不獨一兵可手刃數夷，即鄉井平民，亦盡足以制其死命。」看來，對付這些英國人的方法簡單極了，只要用長竹竿一撥，英夷就會倒地，再也爬不起來。如果真有這麼簡單，恐怕就不會有後來的割地賠款。

十九世紀中葉的《倫敦新聞畫報》有一幅畫像，是中國人筆下的英國佬形象，不難發現，完全是怪物的造型，這個怪物出現在浙江處州府，「逢人便食」，煞是凶惡。它生著鳥嘴，渾身毛髮，嘴裡噴水，更為顯著的特點是——沒有膝蓋，腿完全是直的，有人認為這是反映英國人紮裹腿的形象，即林則徐所說的「渾身裹纏」。

透過這幅畫像，可以看到國人一度把英國人視為殭屍狀的怪物，這也算是歷代殭屍故事的延續，巨大的慣性顯得不合時宜。膝蓋的問題雖小，卻也裹挾著尷尬而又沉痛的歷史記憶。

廁神紫姑

正月十五是元宵佳節，又是燈節，是放燈、賞燈的節日。漢族的傳統中，這天還是「迎紫姑」的日子，只是這一古老的傳統如今鮮為人知。

紫姑是古代神話中的廁神，也寫做子姑、廁姑、茅姑、坑姑、坑三姑娘，這麼重口味的神，原本是苦命人。她的原名叫何麗卿，據《三教搜神源流大全》載：「紫姑神者，山東萊陽縣人也，姓何名媚，字麗卿，自幼讀書。唐垂拱三年（六八七年），壽陽刺史李景納為妾，其妻妒之，遂陰殺之於廁。自此始也，紫姑神死於正月十五日，故顯靈於正月也。」

這段記載中，廁神有名字、有籍貫，而且是「底層出身」。傳說中的廁神紫姑也是受壓迫者，做為壽陽刺史李景的妾，每每被大老婆嫉妒，最後被大老婆祕密殺害於廁所中。民眾對弱者的同情是無力的，只能將這個女子敬奉為廁神，讓她的冤屈有所補償。紫姑的冤屈沉沒於幽暗的廁所，據說後人如廁時，常聽到她的哭聲。《搜神記》中說廁神紫姑

廁神紫姑，明刊本《三教搜神大全》

「魂繞不散，如廁每聞啼哭聲，時隱隱出現，且有兵刀呵喝聲」。

也有觀點認為何麗卿是後人附會出來的名字，廁神最早可以追溯到西漢，是劉邦的寵妃戚夫人。劉邦死後，呂后嫉妒戚夫人，將其四肢砍掉，扔進豬圈裡，號為「人彘」。因漢代的豬圈與廁所相通，人排出的糞便用來餵豬，故而豬圈即廁。戚夫人最後死於廁中，人們憐憫其悲慘遭遇，敬奉她為廁神。

宋代文學家蘇軾在黃州時，自稱曾目睹紫姑降神，紫姑還請求蘇軾為她作傳。她對蘇軾說：「公文名於天下，何惜方寸之紙，不使世人知有妾乎？」蘇軾欣然作〈子姑神記〉，記其平生，在蘇軾等文人的宣揚下，廁神的故事流傳於世。沈括《夢溪筆談》卷二一：「舊俗，正月望夜迎廁神，謂之紫姑。亦不必正月，常時皆可召。」清黃斐默《集說詮真》：「今俗每屆上元節，居民婦女迎請廁神。其法：概於前一日取糞箕一具，飾以釵環，簪以花朵，另用銀釵一支插箕口，供坑廁側。另設供案，點燭焚香，小兒輩對之行禮。」正月十五「迎紫姑」的儀式，儼然是元宵節活動中的一部分。

從相關記載來看，廁神的功能無外乎兩點。一是占卜，內容五花八門，可以占卜新年裡的農事收成，也可以占卜婚事，甚至家裡丟了東西也能占卜一番，請紫姑神幫忙找。例如清代施鴻保《閩雜記》云：「未字少女，多於是日潛揭門前所貼春聯，於紫姑前焚之，以為他日必得讀書佳婿。」二是做「射鉤」之戲，具體做法已不詳。據《酉陽雜俎》、《夢溪筆談》等載，還有請紫姑作詩、寫字、下棋等遊戲。從以上各地迎紫姑的活動看，紫姑的職責主要不是司人家之廁，而是代卜人事的吉凶和與人一起遊樂了。

那麼，廁神做為神，除了占卜吉凶外，神通如何呢？褚人獲《堅瓠祕集》的「廁神」條下記載了廁神紫姑施展神通的一則逸事，祂的法寶居然是屎：「天臺有民王某，常祭廁神。一日至其所，見黃衣女子云：『某廁神也。君聞螻蟻言不？』民曰：『不聞。』遂於懷中取小盒子，以指點少膏（膏即糞），塗民右耳下，戒之曰：『或見蟻子群聚，側耳聽之，必有所得。』民明旦見礎柱下群蟻紛紛，聽之，果聞相語云：『移穴去暖處。』旁有問之何故，云：『其下有寶，住不安。』民伺蟻出，尋之，獲白金十錠。」

紫姑在畫像中身穿黃袍，似乎是暗示著屎的顏色；懷裡的小盒子裡裝著屎，塗在人的耳朵上，就可以使之聽懂螞蟻的「蟻語」；而聽懂這門「蟻語」，即可打探到地下所藏的財寶，故事的主人公最終獲取白金十錠。這是紫姑做為廁神的重要神通，祂變屎為寶，給廁中物塗抹上神性的光輝。

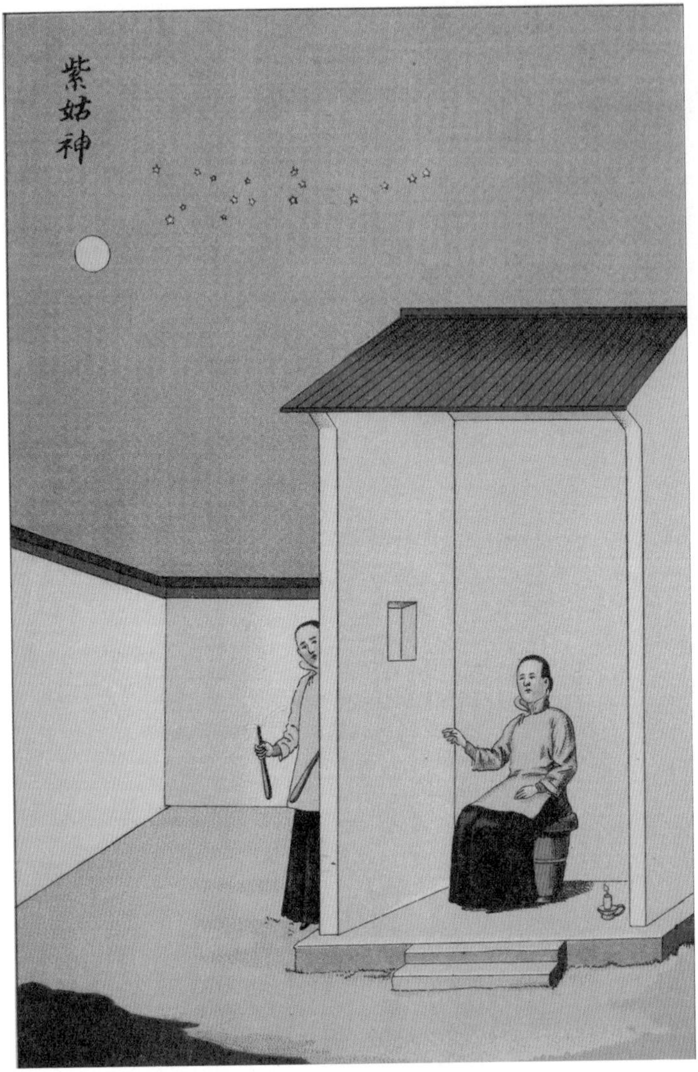

紫姑神，祿是遒《中國民間信仰》（法）

颶母

古人較早注意到風帶來的危害，早在《呂氏春秋》就有「八風」的記載：「東北曰炎風，東方曰滔風，東南曰熏風，南方曰巨風，西南曰淒風，西方曰飂風，西北曰厲風，北方曰寒風。」從這些名目當中，可以看出二千多年前的古人對風已有精細劃分。其中，南方的巨風，即今日所謂的颱風，在古籍記載中，多稱之為颶風。

風可以毀屋拔樹，也能將人吹上天。古人看到風的威力，認為有神明暗中主宰，便塑造出風神。最早的風神是風伯，名曰飛廉。《風俗通義》認為風伯的形象是「白鬚老翁」，他用扇子把風送到人間。相傳蚩尤攻打黃帝時，曾請風伯雨師助戰。敦煌壁畫中的風伯則是手持羊皮口袋，裡面滿滿的都是風；右手緊緊攥住袋口，控制著裡面的風，鬆開袋口，風就吹出來。後來的風神繪像，風袋多有沿用，袋子的開口畫成獸頭，風即從獸口中噴出。

東南沿海多有颶風危害，於是，風神的體系中又分裂出女性形象，做為颶風之神。李肇《唐國史補》載：「颶風將至，則多虹蜺，名曰颶母。」古人認為颶風之前的虹霓，就是颶風的信使，預兆著颶風的到來，這種虹霓叫做「颶母」。到後來，颶母又演變為颶風之神。按《南越志》：「颶母即孟婆，春夏間暈如虹是也。」孟婆不知何許人也。《佩文韻府》載，北齊李騊駼到了南陳，向陸士秀問起南方風俗：「江南有孟婆，是何神也？」陸答道：「《山海經》云，帝之二女，游於江中，出入必以風雨自隨，以帝女故曰孟婆。」值得注意的是，這裡所說的孟婆是風神颶母的俗名，與地府中賣茶湯的孟婆並非同一人。清代沈天寶〈公無渡河歌〉：「中流颶母果為祟，狂飆拉雜翻艨艟。」這裡的颶母儼然是作祟的妖魔了。

颶母形象是對《山海經》中「帝二女」的延展，帝二女本是堯帝的兩個女兒，一個叫娥皇，一個叫女英，都嫁給舜為妃。相傳舜南巡，崩於蒼梧，二妃奔赴哭之，殞於湘江，成為湘水之神，出入即有大風雨，因此轉變為風神，屈原《九歌》中的湘夫人即是。《博異志》中有風神名叫「封十八姨」，又名封姨，取諧音，封即是風，可見風神的變化繁複。

颶風無法躲避，帶來的災難也很沉重。颶母做為颶風之神，是一種地方經驗，在風神的體系中另闢一支。兩廣一帶是颶風的多發區，《嶺表異錄》載：「廣州去海不遠，每年八月潮水最大，秋中復多颶風，當潮水未盡退之間，颶風作而潮又至，遂至波濤溢岸，淹沒人廬舍，蕩失苗稼。」這裡說的是颶風引發海嘯。《潮州府志》亦載：「明弘治八年（一四九五年）九月，颶風暴雨，大水浸毀莊稼，沖決北門堤。潮州城城牆傾塌二百餘丈。」直至今日，我們面對颶風還是束手無策。

颶母神帶來災難的同時，竟也收拾了許多作惡多端的海盜。張岱《夜航船》：「颶風之作，多在初秋，作則海潮溢，俗謂之颶母風。明正德七年（一五一二年），流賊劉大等舟至通州狼山，遇颶風大作，舟覆，賊盡死。」另據《文昌縣志》載，清代嘉慶年間，海盜烏石二為害南海，文昌縣有個叫潘瓊宇的人痛恨海盜，於是籌措銀錢，搭了一座高樓，召集巫師誦經，咬破手指書寫奏章，將烏石二的罪行上達天庭。不出幾日，颶風大作，烏石二的船隊遭到重創，元氣大傷，不久即被官兵剿滅。當時人們堅信這是颶母顯靈，蕩除了海盜。

風神，敦煌壁畫

風雨雷電，祿是遒《中國民間信仰》（法）

月光的魔力

一

西元前的某個夜晚，大地漆黑一片，全然沒有今日的燈光閃爍，最為明亮的是空中的一輪明月，徹夜散發著寒冷而神祕的光華。那時的人們認為動物的肥瘦與月亮盈虧有關。《呂氏春秋》云：「月，群陰之本。月望則蚌蛤實，群陰盈；晦則蚌蛤虛，群陰發。夫月行乎天，而群陰化於淵。」這種經驗似乎有著隱祕傳承。在膠東海濱，人們認為在滿月時所獲的貝和蟹最為飽滿，味道也最為鮮美。

《黃帝內經》還提到月亮對人的影響，與前述類似：「月始生，則血氣始精，衛氣始行。月廓滿，則血氣實，肌肉堅。月廓空，則肌肉減，經絡虛。」意即人在月缺時氣血虛，月圓時氣血旺盛。李時珍《本草綱目》甚至認為女人月經與月亮的週期同步：「其血上應太陰，下應海潮。月有盈虧，潮有朝夕，月事一月一行，與之相符。」傳統的農曆也是以月相為依據。《黃帝蝦蟆經》更是把月中的蟾蜍、玉兔與人體的疾病相關聯。例如「月生十三日，兔生右脅，人氣在頭」，某種意義上繼承了中國古代的養生觀念，月亮成為計量人體精氣的容器。月圓月缺之際，有祕密力量連接人體與天體，遙相感應。

月亮與動物的隱祕聯繫，在古人看來是順理成章的事情。既然滿月能使氣血充盈，充分攝入滿月之際的光華則大有裨益。植物也受惠於月亮，法國學者弗雪里總結農作物利用月光的經驗。例如草莓對潮汐最敏感，應避免在滿月和新月時栽植、剪枝和採摘，核桃在滿月時打落，油脂最為豐富，還容易消化吸收。在月光下晒糧食，月光的「淨化」作用可以使食物避免發霉，甚至可以防止蟲咬鼠害。

科學尚難解釋這些經驗，高懸在我們頭頂的古老月亮，暗中與地球上的生物保持默契，其作用不可小覷。人們甚至據此敷衍出許多妖怪故事，這些妖怪是在月亮的幫助之下，增添了法力，進而進入魔道。

玉兔搗藥，彩繪本《真禪內印頓證虛凝法界金剛智經》（明）

二

所謂近水樓臺先得月，月宮看似仙家清淨地，卻也藏汙納垢，時有奇象異兆顯現，還有妖孽出沒。《太平廣記》載：「尹思者，字小龍，安定人也。晉元康五年（二九五年）正月十五夜，坐屋中，遣兒視月中有異物否。兒曰：『今年當大水，中有一人被蓑帶劍。』思自視之，曰：『將有亂卒至。』兒曰：『何以知之？』曰：『月中人乃帶甲仗矛，當大亂三十年。』」尹思父子是天文愛好者，月圓之夜觀察月中異物，見月中有人手持兵刃，便預言天下將有大亂，可怕的預言果然成真。這個故事頗有道家方術的色彩，月亮成為兆示世間災禍的一面鏡子，令人不敢直視。

月中有陰影，形似兔子，那是月球上環形山的痕跡。古人的心目中，月亮上有月宮，是仙人的居所，嫦娥、吳剛、玉兔、蟾蜍等是月宮的常住居民。其中的玉兔原本人畜無害，後來墮落成妖怪，下界作亂。《西遊記》有玉兔精，假扮作天竺國公主，想和唐僧結為夫妻，卻被悟空的火眼金睛識破，「見那公主頭頂上微露出一點妖氛，卻也不十分凶惡」，這或許與兔子的本性溫和有關。直到悟空喝破妖怪身分，玉兔精「跑到御花園土地廟裡，取出一條碓嘴樣的短棍，急轉身來亂打行者」，這條奇異的兵刃一頭大、一頭小，就是它在月宮搗藥時用的搗藥杵，居然能和金箍棒硬碰硬，也真是一件寶物。後來玉兔敵不住悟空，眼看就要斃命，卻被太陰星君收走。太陰星君是月亮神，一般認為嫦娥即太陰星君，而《西遊記》的太陰星君是個老媪，嫦娥是其宮中的仙女，玉兔是負責搗藥的工作人員，一套完備的體制是對人間官制的戲仿。

玉兔精的形象演變為一種玩具，即老北京的兔爺。《清稗類鈔》載：「中秋日，京師以泥塑兔神，兔面人身，面貼金泥，身施彩繪，巨者高三、四尺，值近萬錢。貴家巨室多購歸，以香花餅果供養之，禁中亦然。」兔爺是泥塑的兔首人身形象，中秋祭月時所用。祭月後，就成為兒童喜聞樂見的玩具。曾經的玉兔精，收斂了邪氣，變得一臉和氣。原來妖怪最善於迷惑人，惹人喜愛的外表，只不過是它的又一化身。

三

在古人看來，月光的魔力可以幫助妖怪修煉。袁枚《續子不語》載：「凡草木成妖，必須受月華精氣，但非庚申夜月華不可。因庚申夜月華，其中有帝流漿。」據說帝流漿是一種磁石，「其形如無數橄欖，萬道金絲，累累貫串垂下」。帝流漿每六十年出現一次，妖怪們吃了它，一夜的修煉可抵千年之功，植物和動物都會因此產生變異——「人間草木受其精氣即能成妖，狐狸鬼魅食之能顯神通」。

最善於從月光中獲益的妖怪當屬狐狸精，《聊齋志異》有一狐仙拜月修煉，而且還練成金丹。故事說的是山東利津縣的王蘭得了暴病而死，閻王發現是鬼卒工作失誤而勾來的，便讓鬼卒將王蘭送回。然而時日已多，屍體早已腐爛。鬼卒怕難以交差，便對王蘭說：「此處一狐，金丹成矣。竊其丹吞之，則魂不散，可以長存，但憑所之，罔不如意。子願之否？」原來鬼卒想搶奪狐仙的金丹，幫助王蘭重回陽世。在鬼卒的帶領下，王蘭來到一所大宅，有一隻狐狸在月光下，仰頭望著空中，在月光中淬煉金丹，「氣一呼，有丸自口中出，直上入於月中；一吸，輒復落，以口承之；則又呼之，如是不已」。鬼卒躲在一邊，趁著狐仙不備，把金丹搶到手裡，狐仙大驚，見有兩人在，失去金丹後法力低微，不敢硬拚，只得憤恨而去。王蘭得到金丹，回到家裡，家人見了大吃一驚，以為是見鬼。王蘭說出原委，從此住在家裡，和活著時一樣，借助金丹的力量，其形體得以重新凝聚。

四

歐洲有月夜狼人的傳說，這是一種介於人和獸之間的怪物，平時看上去和人一樣，到了月圓之夜會變身為狼。有一種觀點認為人體內的血液等體液與海洋類似，在月球的引力作用下，海水會有潮汐變化，人體內之海同樣會迎來大潮，是情緒最易衝動的時刻。滿月之夜，人們還會做出許多不理智的決定，據說都可以把責任推給月亮。

還有一些妖怪和西方的狼人相似，月光激發它們的潛能。有月亮的夜晚，它們乘著月色出遊，當月亮隱去，東方欲曉之時，它們就會銷聲匿跡。這些妖怪身披月色，在月光的映照下，猙獰的面目分外可怖，《子不語》寫到殭屍趁著月色出遊：「遊屍乘月氣，應節而移無定所。」殭屍的出現是伴著月色，到了月圓之夜，它的威力將達到巔峰，難以制服。

清末的《點石齋畫報》提到臺州山區有山魈出沒，「每當風清月白之時，有山魈出而與行人相戲」，見到山魈的人輕則得病，重則喪命。人們只好結伴而行，到了山中，看到的山魈是「身長數丈，面作碧色，似人非人」，人們轉身逃走，山魈就會追上來，除非用火槍轟擊，或者用木匠的墨線來抽打，山魈才會離開。當時正是十九世紀末，月光下出現

狐仙太爺，民間紙馬（清）

綠臉的山魈，還有慌亂中的奔跑，凌亂的樹影，構成擾攘的畫面，這是最後的妖怪時代，從此之後，妖怪日漸式微，只有那輪圓月還在不知疲倦地起落。

在沒有電燈的時代，夜晚令人恐懼，山林草澤還是難以涉足之地，人類的活動範圍有限，許多祕境未能抵達，趁著夜色作亂的妖怪，或許是未能命名的生物，例如山魈，有可能是猿猴的一種，晝伏夜出，趁著月色覓食。如今燈光閃耀，山林萎縮，亮如白晝的夜晚，月光的魔力為之消退，與之相關的眾多妖怪，也難覓蹤跡。

故事發生在冬季，十二月，草木早已凋零，荒野中的野獸無處躲藏，齊襄公率眾去姑棼圍獵。飛馬賓士之際，前方斜刺裡跑出一隻野豬，攔住了齊襄公的去路，襄公的隨從們說：「這是公子彭生。」

彭生是齊國有名的大力士，膂力過人，曾在齊襄公的指使下，殺死魯國的魯桓公。魯桓公的妻子文姜是齊襄公的親妹妹，齊襄公兄妹早有不倫之戀，妹妹和妹夫魯桓公到齊國，齊襄公留妹妹同宿，招致魯桓公不滿，於是才有了齊桓公指使彭生殺妹夫的鬧劇。魯人前來問罪，齊襄公便把彭生當作替罪羊給殺了。

圍獵之際，野豬出現，襄公的隨從發現這隻野豬的動作和神態與彭生類似，不覺大吃一驚，而齊襄公怒道：「彭生竟敢來見我。」於是抽弓搭箭去射，這隻野豬「人立而啼」，用兩隻後腿著地，像人一樣站起來大叫，襄公受驚，從車上掉下來，傷了腳。這次事件成為導火線，襄公所作所為本就為人不齒，圍獵時遇到彭生鬼魂變成的野豬，更使他的威信掃地。他的臣屬公孫無知等人趁機作亂，殺死了襄公。

豬妖出現導致齊國的一場災禍，引起一連串動盪。彭生是齊國宗室，後人認為他死後的鬼魂附在野豬身上，來向襄公索命。這段軼事見於《左傳》，後來又以稍異的形式收錄在《史記》、《搜神記》等書中，成為重要的歷史事件之一。與之相似的還有《晉太康地志》所記的怪獸媼：「秦文公時，陳倉人獵得獸若彘，不知名，牽以獻之。」這頭形狀像豬的怪獸，人們不知其名，路遇二童子，童子說這隻怪獸名叫「媼」，常在地下吸食死人腦，想要殺它，除非用柏樹枝插它的頭。媼也開口說道：這二個童子是名叫陳寶的野雞精，「得雄者王，得雌者霸」。能雙足站立、能開口說話，這樣的豬已被視作妖怪，這顯然是豬妖的初級形態——蒙昧已開，成為精怪。

《山海經》中有豕身人面神：「凡苦山之首，自休與之山至於大騩之山，凡十有九山，千一百八十四里，其十六神者，皆豕身而人面。」這裡有十六位山神都是人頭豬身，已經有了變幻為人形的趨勢，然而只有怪異的形象，而不知其行跡。

唐代牛僧孺《玄怪錄》中有母豬迷惑人的故事，尹縱之住在中條山，月夜裡鼓琴，有

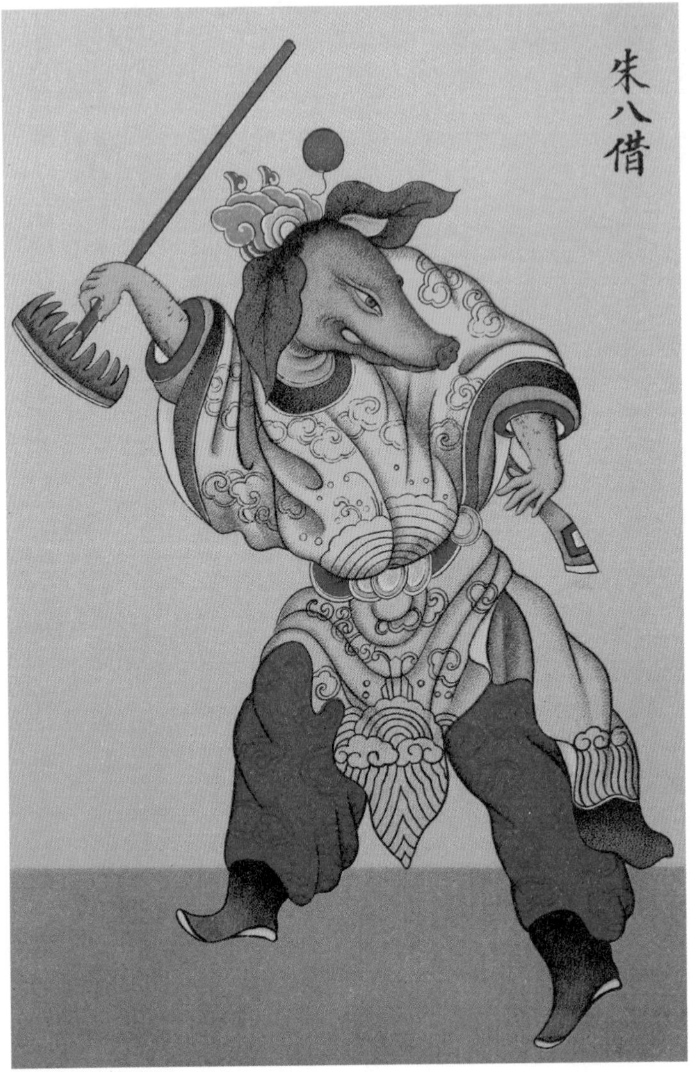

豬八戒，祿是遒《中國民間信仰》（法）

女子前來，自稱是山下王氏之女，聽到琴聲，前來相見。尹縱之見此女「儀貌風態，綽約異常，但耳稍黑」，夜間便邀之留宿，第二天女子告辭，尹縱之留下她的一隻鞋，鎖在櫃子裡，女子索要不得，憤憤而歸。女子走後，尹縱之聞到床前有腥氣，開櫃子一看，女子的鞋已不在，而是一塊豬蹄殼，地上有血跡，順著血跡追到豬圈中，見一大母豬，後右蹄無殼，縱之怒目而走，讓人將其射殺。豬妖迷人的故事，似乎與狐狸精迷人的故事大同小異，異類與人的交往多以悲劇收場，物類之間界限森嚴，各自屬於不同世界。

《玄怪錄》還有一則烏將軍的故事，卻是一頭野豬成精，不過這是公豬，也能變幻成人形到人間作祟。故事說的是唐玄宗時期，名臣郭元振年輕時有勇有謀，一次夜行回家，見一座大宅，門戶虛掩，東閣有女子哭泣之聲。郭元振便問何故哭泣，女子說本鄉有烏將軍神廟，烏將軍是本地的神，能招致禍福，每年鄉里都要挑選美貌少女嫁給烏將軍，不然災禍便會降臨。郭元振聽了大怒，要為本地除去這一害。不多時，烏將軍降臨，火光照耀，車馬煊赫，僕從甚眾。郭元振出來相見，說願給烏將軍的喜事幫忙，烏將軍很高興。趁著烏將軍吃肉時，郭元振抓住烏將軍的手，揮刀斬斷手腕。烏將軍逃走，他的僕從四散而去。這時郭元振再看這隻斷手，居然是一隻豬蹄。天亮後，郭元振率領鄉民循著血跡尋找，血跡在一座荒塚前消失，塚上有一洞，人們扔火把進去照明，見一頭大豬臥在血泊中，左前蹄齊根斷掉，還在滴著血。這頭大豬就是烏將軍，它冒著煙火衝出，卻進入眾人的包圍圈，被當場擊斃。人們對郭元振的勇猛和謀略十分敬重，降妖除魔的經歷成為他履歷中閃光的一環。

烏將軍變成人形，蠱惑視聽，已然是妖邪之流，而它的神通似乎不太高，凡人也能出手將其擊斃，力量還是比較弱。《西遊記》出現了豬八戒，這是知名度最高、法力高強的豬妖。據八戒的岳父高員外介紹：「初來時，是一條黑胖漢，後來就變做一個長嘴、大耳朵的呆子，腦後又有一溜鬃毛，身體粗糙怕人，頭臉就像個豬的模樣。食腸卻又甚大，一頓要吃三、五斗米飯；早間點心，也得百十個燒餅。」豬八戒可不像烏將軍那麼好對付，與孫悟空打鬥，從二更天打到東方發白才敗回老巢。豬八戒本是天蓬元帥，自然與尋常妖怪不同。豬八戒有著諸多人性的弱點，卻出乎意料地贏得讀者喜愛，因為這些弱點使它更像世俗中人。烏將軍與豬八戒之間，似乎存在某種隱祕的傳承關係，例如貪淫好色、強搶民女，仍有烏將軍的痕跡。

南宋洪邁《夷堅志》認為岳飛是豬精下界，令人大跌眼鏡。相傳岳飛年輕時在相州做遊徼，是掌管巡察緝捕之事的小吏。當地有一位舒翁善於相面，見到岳飛來，必然烹茶設宴相邀，席間神神祕祕地對岳飛說：「君乃豬精也。」說得岳飛一驚。舒翁繼續說：「精靈在人間，必有異事，他日當為朝廷握十萬之師，建功立業，位至三公。然豬之為物，未有善終，必為人屠宰，君如得志，宜早退步也。」大意是說，你本是天上豬精下界，不久之後將帶兵十萬，為國家建立功勛；而豬的宿命難免被人宰殺，當得志之時，應該及早退身。岳飛聽完不以為然，後來被押在大理寺，大理寺卿周三畏夜間在大理寺走動，忽看見「古木下一物，似豕而角」。周三畏大為驚恐，停步不敢向前，眼見著「此物徐行，往獄旁小祠而隱」。後來又見到一次，據說這就是其真身。這種傳聞應是後人穿鑿附會，若按此邏輯，歷代被殺的功臣，豈不都是豬精？

古代志怪故事中，還有人變為豬的故事。《聊齋志異》有〈杜小雷〉一篇，青州人杜小雷的母親雙目失明，杜雖然家貧，但對母親極為孝順。有一天，他外出買肉交給老婆，讓老婆包餃子給母親吃。可是他老婆忤逆，切肉時居然摻進屎殼郎。老母親覺得惡臭，便把餃子藏起來，等兒子回來，就拿出來給他看。杜小雷見了，回屋裡要打老婆，但又怕母親聽到，就上床躺著想辦法。他老婆自知理虧，不敢上床，在床下徘徊。過了一會兒，杜小雷聽到床下有粗重的喘息聲，起來點亮蠟燭一看，一頭豬在床下，兩隻腳還是人腳，才知道是妻子變成豬。縣令聽說了，便派人將豬牽去遊街示眾，以警告世人。與之類似的還有《夷堅志》的〈濰州豬〉，濰州屠戶殺豬時，在一塊豬皮上發現六個大字：「三年不孝父母」，人們爭相傳觀。據說這隻豬的前世是人，因為不孝順父母，轉世為豬。這類故事的教化傾向極為明顯，已近乎咒罵，即所謂的「現世報」。從敘事藝術的角度來說，這類故事往往最粗陋。

清代聶璜《海錯圖》有一種水陸兩棲的豬妖，它在岸上時是野豬的樣子，喜歡吃田裡的稻穀。據說前世是懶婆娘，因此農民將織布的機杼和縫補衣服的針線放在田裡，野豬看到後就會迅速離開——這曾是它最為厭惡的工作。當野豬入海後，身體會發生劇烈的變形，這種跨物種的變形在古人眼中簡直是常態：「入海化為巨魚，狀如鮫鱗而雙乳垂腹。」這種怪魚還保留女性特點，名曰「懶婦魚」。一系列複雜的轉化之中，可以看出人們對野豬的認知。對野生動物的妖魔化由來已久，尤其是生性凶惡、相貌醜陋、為害一方者，更是難逃妖魔化的厄運。

到了晚清，又有諸多豬生怪胎的傳聞，也被視為豬妖。清光緒年間的《點石齋畫報》

中有不少這樣的傳聞。例如〈妖冡兆災〉，說的是安徽蕪湖有一農夫李朝齡，他家有一頭母豬，產下小豬若干隻，其中有一隻「人首豬身，雙目灼灼」，令人看了心生畏懼，全家人都很害怕，認為這是不祥之兆。不多久，村裡遭遇火災，全村的房屋都被焚毀。這種怪胎同樣出現在牛、羊、雞、鴨等家畜、家禽之中，應是「天人感應」思想在民間的氾濫。其說源於《尚書．洪範》，認為天與人相互感應，天能干預人事，人亦能感應上天；天子違背了天意，不仁不義，天就會出現災異進行譴責和警告；如果政通人和，天就會降下祥瑞以鼓勵。後來經董仲舒的宣揚，災異和祥瑞成為歷代不斷上演的鬧劇。而在民間，豬生怪胎也被認為是不祥之兆。

值得注意的是，晚出的豬妖故事中，家豬似乎愈來愈多，而早期故事中以野豬居多。人類生存空間的擴張，山野猛獸的地盤愈發逼仄，孔武有力的野豬成精的故事，也鮮有出現。日常生活中的家豬成為故事主角，驚心動魄的精神體驗不再，而代之以日常瑣碎，這是一種古老野性的衰微。

人面蛇身

上古神話中，人面蛇身是常見的大神形象，伏羲、女媧都是人面蛇身。《山海經・大荒西經》中，女媧之腸化成十位神人。郭璞認為女媧是「古神女而帝者，人面蛇身，一日中七十變」。《淮南子》記載女媧補天的故事，遠古之時有天塌地陷的災禍，女媧「煉五色石以補蒼天，斷鼇足以立四極」，使天下得以安定。

人面蛇身的還有燭陰、相柳等大神，在上古神話中有顯赫的身世。燭陰是鍾山之神，又稱燭龍，「人面蛇身，赤色，居鍾山下」。燭陰的日常作息能主導自然界的時序變化，「視為晝，瞑為夜，吹為冬，呼為夏，不飲，不食，不息，息為風，身長千里」。燭陰的眼睛一睜一閉，世間就是晝夜交替；一呼一吸，便成春夏秋冬，具有創世神的神格，與天地同在。

與之相似的還有相柳，九頭人面蛇身，貪婪成性，九個腦袋分別在九座山上取食，所到之處皆為沼澤；澤中水苦澀無比，人獸無法生存；後被大禹殺死，其血流遍地，導致五穀不生；大禹想用土把血蓋住，前後三次都失敗，地塊陷落，成為深池，可見其凶惡。

人面蛇身的形象還帶有一些原始風貌，這些怪神來自洪荒時代，裹挾著原始莽力，面目猙獰，令人望而生畏。巨蛇的身子繫著一顆孤零零的人頭，這種組合極為怪異。不過，也有更接近於人形的一種模式；宋代《搜山圖》出現人面蛇身的女子，外形是一個女子的上半身，從腰部往下開始是蛇身，有了雙臂和半個人身，就更接近於人形。它在山洞裡驚慌躲避；該圖描繪的是民間傳說二郎神搜山降魔的故事，神兵、神將們耀武揚威地搜索山林中各種妖魔鬼怪，人面蛇身的蛇精也在其中。

蛇精的原型，後來演變為家喻戶曉的《白蛇傳》。馮夢龍《警世通言》第二十八卷〈白娘子永鎮雷峰塔〉，到了清代嘉靖年間又有《義妖傳》、《雷峰塔傳奇》等。白娘子是女媧的苗裔，卻已由神墮為妖。後來完全變化為人形在世間行走，但端午節飲了雄黃酒後還是現出原形，它在俗世的經歷充滿坎坷。上古時代的信仰衰微後，神的地位不再，便會出現降格，從女媧到白娘子，經歷了由天上到人間的劇變。

人面蛇身的形象仍在民間祕密傳遞，這是上古信仰的一縷殘存；江南地區有宅神名曰

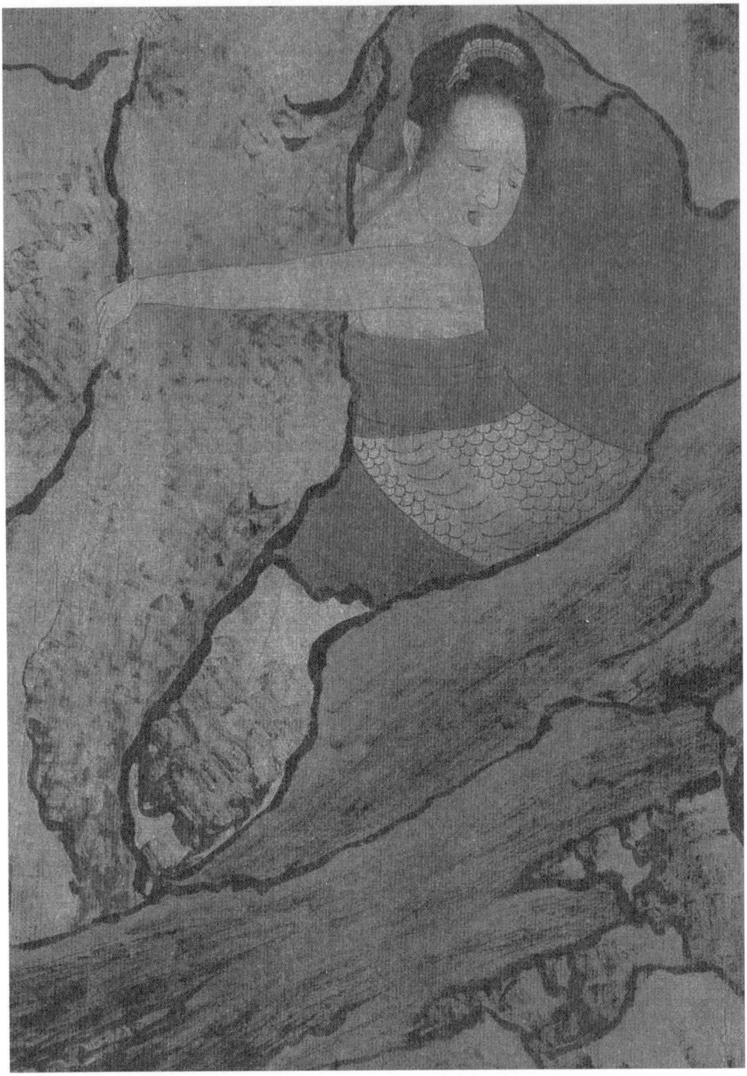

蛇精，《搜山圖》殘卷（宋）

蠻家神，民間紙馬，江蘇宜興

「蠻家」，是以家蛇為神。清代吳騫《桃溪客語》載：「毗陵之俗，多於幽暗處築小室祀神，謂之蠻宅；神形人首蛇身，不知所自始。」江南氣候潮溼多蛇，蠻家神是一種邪神崇拜；民間紙馬中有蠻家神的形象，一條盤旋的大蛇，頂著人頭，與《山海經》的一眾人面蛇身的上古神明極為相似，只不過他們失去通天徹地的神通，進入尋常百姓家，成為守護家宅的俗神。

魯迅〈從百草園到三味書屋〉寫過一個人面蛇身的美女蛇，「能喚人名，倘一答應，夜間便要來吃這人的肉的」；這裡的美女蛇已經是害人的妖怪，在江南的夜晚，院牆上出現美女頭顱，美目顧盼，眼波流轉，成為少年心中揮之不去的陰影。

蝦精

清代學者郝懿行《記海錯》提到一種大蝦：「海中大紅蝦長二丈餘，頭可做杯，鬚可做簪，其肉可為鱠，甚美。蝦鬚有一丈者，堪拄杖。」這種蝦的頭可以做杯子，蝦鬚可以做簪子；還有更大的蝦，蝦鬚可以做拐杖。大蝦之大，到了無以復加的地步。

中國的古老故事中，物老則怪，變幻為人形，成為精怪，蝦也是如此。最為著名的一個蝦怪故事，來自唐人段成式《酉陽雜俎》。故事發生在武則天時，有個書生乘船出海去新羅，中途遇到風浪，被吹到一個海島上。當地人說這裡是「長鬚國」，國人不論男女都有拖到地面的鬍鬚。機緣巧合，書生被長鬚國國王招為駙馬，與其婚配的公主也有長鬍鬚，這令書生耿耿於懷。直到有一天，老國王說長鬚國有難，非書生不能救，書生因此趕往龍宮，找龍王說情。原來，龍王的食物中新進大蝦，這些大蝦就是長鬚國的國人。龍王看在書生的面上，將大蝦們放生，書生才知道自己被蝦精魅惑。

大紅蝦，聶璜《海錯圖》（清）

蝦精，仇英《揭缽圖》（明），美國佛瑞爾美術館藏

這個故事通常被稱為《長鬚國》，明代小說家馮夢龍編寫《情史》時，幾乎原樣照錄這個故事，稍加刪減，另擬題目叫〈蝦怪〉。這個故事模型為中國古代海洋文化增添蝦怪的形象。故事框架類似於〈南柯太守傳〉之類的唐傳奇，也是誤入異類之國，被招為駙馬，然後在大夢中醒來，富貴榮華、生離死別在一瞬間上演，令人不勝感慨唏噓。

長鬚國的故事發生在新羅附近海域，即今朝鮮半島一帶。查附近島嶼，日本的北海道與之接近，北海道原住民古稱蝦夷，是古代日本的土著居民。蝦夷是指他們毛髮長如蝦鬚，蓄長鬚是該島的習俗，因此被異化為蝦怪，該島也被看作是充滿神祕的蝦國。明刊本《異域圖說》中有蝦夷人的形象，不難發現，濃密的鬍鬚是蝦夷人的顯著特徵。「蝦夷」的稱呼自西元七世紀末期叫響，藉海上貿易傳入中國，後經文人加工，最終成為光彩奪目的蝦精形象。

變幻成人形的蝦精是法力高強之輩，龍宮裡的蝦兵不計其數，多數化形未全，還保留著原身的狀態。能看得出它們正在努力向人形靠近，平添一些人的情態，以及凶狠忿怖之相。仇英《揭缽圖》有一隻蝦兵，仍是蝦的身子，卻長出雙腿，腳掌上還有鴨蹼，似乎符合當時人對水中動物的設定。它的兩隻螯也變成手臂，更出奇的是，它已知道羞恥，腰間還圍著荷葉裙，或許這是一隻淡水蝦，正在大踏步疾奔。

大蝦的故事顯然是海濱之民對海洋生物的誇張處理，海中大物歷來受到沿海居民的崇拜，大蝦當然也不例外。或許在那個時代真有異乎尋常的大蝦——這類古老的龐然大物，在我們的時代已經消亡，或者隱遁起來。對大蝦故事的追憶，無疑是對一種古老精神的追憶，隨著神話時代遠去，精神生活日益寡淡乏味。

民國神童的外星人圖譜

一

民國時代，西方科學知識的傳入，與舊有的世界觀相互激盪，新舊交替的摩擦鏗然有聲。魯迅〈科學與鬼話〉中說：「搗亂得更凶的，是一位神童作的《三千大千世界圖說》。他拿了儒、道士、和尚、耶教的糟粕，亂作一團，又密密地插入鬼話……但講天堂的遠不及六朝方士的《十洲記》，講地獄的也不過抄襲《玉曆鈔傳》。這神童算是糟了。」

魯迅提到的神童是指江希張，字慕渠，民國初年的神童，濟南歷城人，自幼聰慧異常，過目不忘。《三千大千世界圖說》又稱《大千圖說》，開頭的小序中說：「神童江希張，山東歷城江明經鍾秀子也，生有異秉；一、二歲而識之無，三、四歲能弄翰墨，五、六歲能注釋經書，不費思索，下筆千言；且可譯成外國文字，旁及四體書法、醫卜末技，

民國神童江希張

亦不學而精至。道、佛、耶、回各教經典皆能解注其奧。即最近時務科學諸書亦可解其大意。非有宿慧，曷克如斯。」

神童的早慧，以及與年齡不相稱的淵博，據說是源自所謂的「宿慧」。《大千圖說》之外，還著有《道德經白話解說》、《四書白話解說》、《孔子發微》、《息戰論》等書行世，其中《四書白話解說》風行，印行達百萬冊，士林爭相傳閱，康有為讀後大為激賞，收江希張為弟子。

二

《大千圖說》刊刻於民國五年（一九一六年），書中所寫是宇宙形勢，分做上界、中界、下界。按坊間傳聞講，江神童已然開了天眼，能夠遍覽天上地下、過去未來。這種蠱惑人心之說，在中國鄉土頗有市場。

江希張《大千圖說》中寫道：「三界總形，如西瓜然，其中之子，則中界各星球也，其中之瓤，則中界各星球之空氣與軌道也。」以西瓜做比喻，想來頗有道理。該書雖引入一些現代天文學的知識，卻也摻雜大量中國傳統中的糟粕。書中的「上界」，即道家神話中的天神居所；而「下界」，即民間傳說中的陰曹地府，有閻羅判官、牛頭馬面、刀山油鍋，生前作惡之人此刻正在地府中受到酷刑的摧殘；而「中界」則相當於今人所認知的宇宙，除了太陽系外，還有北極星系、南極星系，宇宙的圖景漸次呈現。

太陽系中，太陽最為明亮。書中說太陽「自轉而不動移，乃恆星也」；但緊接著卻說「其熱力極大，人不能生，故太陽星君居焉」；並附一幅太陽星君的畫像，袍服冠冕，儼然帝王之尊。在現代天文學的知識之上，又疊加神仙之說，呈現出新舊觀念混搭的局面。

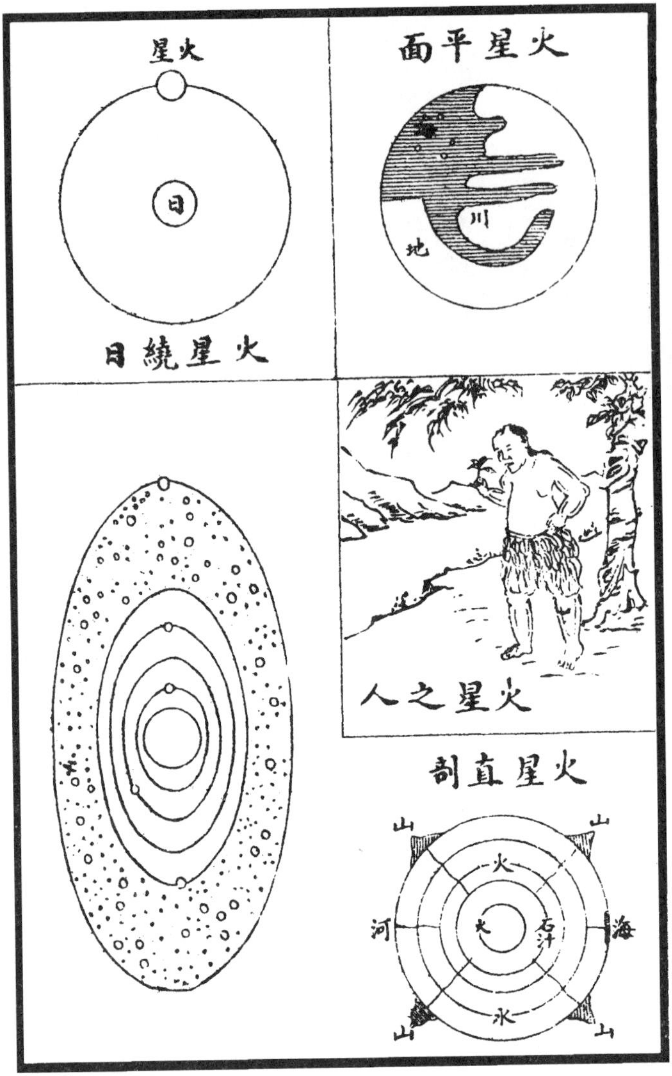

火星，江希張《大千圖說》

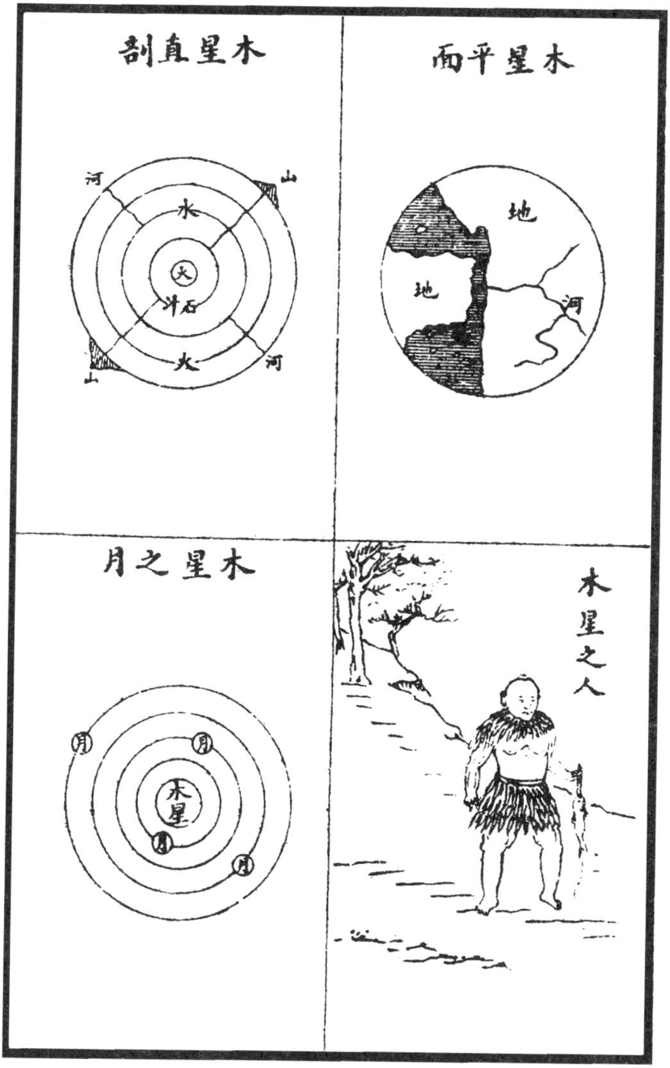

木星，江希張《大千圖說》

科學在本土化的過程中，難免夾帶一些中國的烙印，這位不怕高溫的太陽星君，儼然是個尷尬的角色。

至於各大星球上的外星人則更是奇詭，康有為《大同書》中曾流露出對外星人的神往，江希張在康有為處看過《大同書》，或許是受了影響。《大千圖說》所繪外星人的形貌，除了三頭六臂的畸形外，更多的是長了翅膀，從雙翼到多翼，數目不等，還有的頭上長角，儼然鬼形。不難發現，《山海經》對海外神異國度的想像，為《大千圖說》提供一種可借鑑的樣本，只不過《大千圖說》把這種模式搬到宇宙空間，整個宇宙都在其體系關照之下，昔日的殊方異域之國，如今改作星球，雖摻入現代天文學的知識，但實質幾無大變。例如水星人平均身高五尺，說話像鳥叫，住在山洞中。金星人有雙翼，能在空中飛行，入水火不傷，平均壽命五十歲，其文字刻在金剛石板上，足以不朽。火星人身高一丈，說話像老虎吼叫。木星人尚未開化，還處於蒙昧時代，以生吞野獸為食。土星人是高智慧生命，智慧如神，生活在洞穴中，以水果為食物。遙遠的天王星和海王星則沒有人居住。

而更遠的北極星系也有外星人的蹤跡，相貌更為奇特。三師星人「胸有小空，可以入繩」，顯然是受到《山海經》中「穿胸國」的影響。天床星人站立時提起左腳，走路時用手揪著自己的雙耳，「見其同類則笑，一人笑則群與之共笑；見猛獸則怒，一人怒則群與之共怒，種種奇態，不可勝數」。搖光星人「一手一目，有尾有角」，鼻子上有尖銳的錐，用來防身。南極星系有形似蝙蝠的天笛星人，又有樹上築巢的天鼓星人；而天籥星人六耳二翼、一手一尾、頭上獨角。

這些外星人多半發明屬於自己的文字，虛構出一種語言，則更顯出作者的虛構天賦；煞有介事地發明一種文字，用以佐證外星人的存在，同時又印證作者的淵博。寫下這些記號時，他如有神助，彷彿外星真有這般文字，而他也堅信不疑。所示的文字，無非天、地、山、水等單字，旁注皆為漢字。為了造出這些文字，且不相重複，也確實費了些心思。這些外星文字多為象形文字，以火星文和天笛星文為例，幾乎與中國古代的象形文字無異，只不過形狀稍作變化，可見中式的外星文明想像，仍有些難以跳脫的窠臼，其破綻顯而易見。

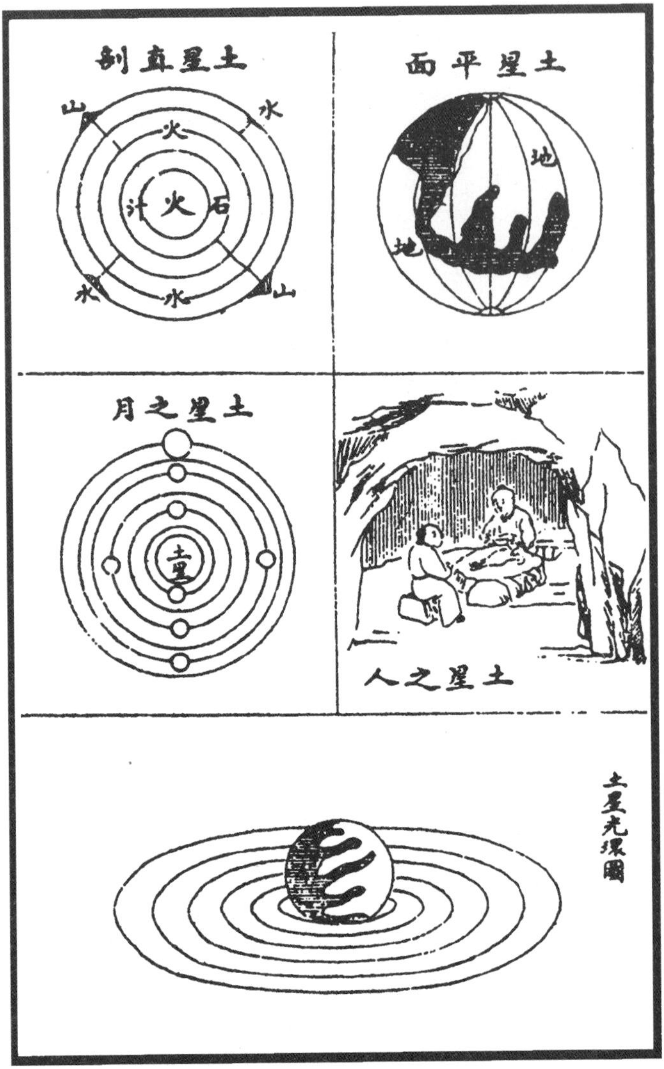

土星，江希張《大千圖說》

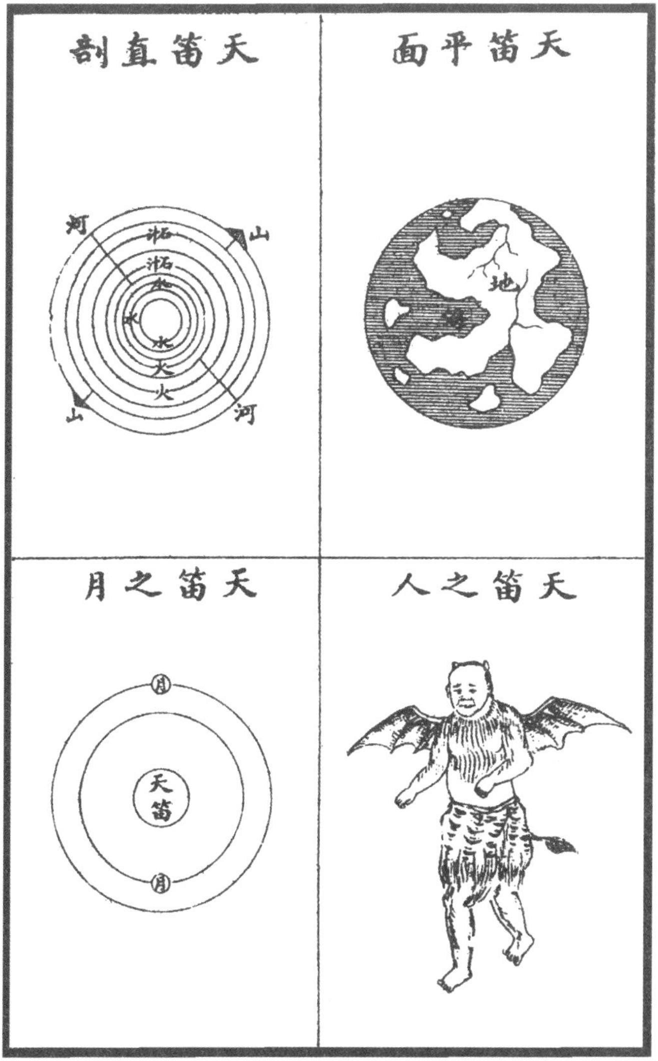

天笛星，江希張《大千圖說》

三

《大千圖說》刊行後，次年（一九一七年）的重刊本〈自序〉中說：「小子以十歲乳臭童兒，詎敢直言無隱，為世所攻擊。」可見其處境之不妙。魯迅等人的攻擊無意中為《大千圖說》的流傳做了助力，時人都欲得此書一觀。《大千圖說》的風行或許正因其怪誕的奇趣，早在一百多年前，就有人開始想像外星生命的狀貌，並有著包羅宇宙的野心，繁複而不乏精緻的結構設定，終於在內心深處虛構出一個宇宙。

《大千圖說》的種種謬誤自然不可取，但做為一部罕見的外星人圖譜，其略顯笨拙的想像力顯得詼諧而可愛。晚年的江希張矢口否認，稱該書是他人冒名之作，借神童之名牟利。真相是否如其所言，已成為一樁懸案，難以稽考。

不過，我更願相信《大千圖說》出自一個孩童之手——當科學普及之時，少年時代的一場夢幻已顯得不合時宜，新舊觀念交接處的卯榫已然鬆動、剝落。曾幾何時，紙頁上的外星人在暮晚的穿堂風裡飛動，生有雙翼的外星人，似要振翅飛去。這場大夢，醒來時卻已頗覺荒唐，這一切只宜當作昔年旖旎的夢境，這夢曾與現實互滲，真與妄的邊界曾在這

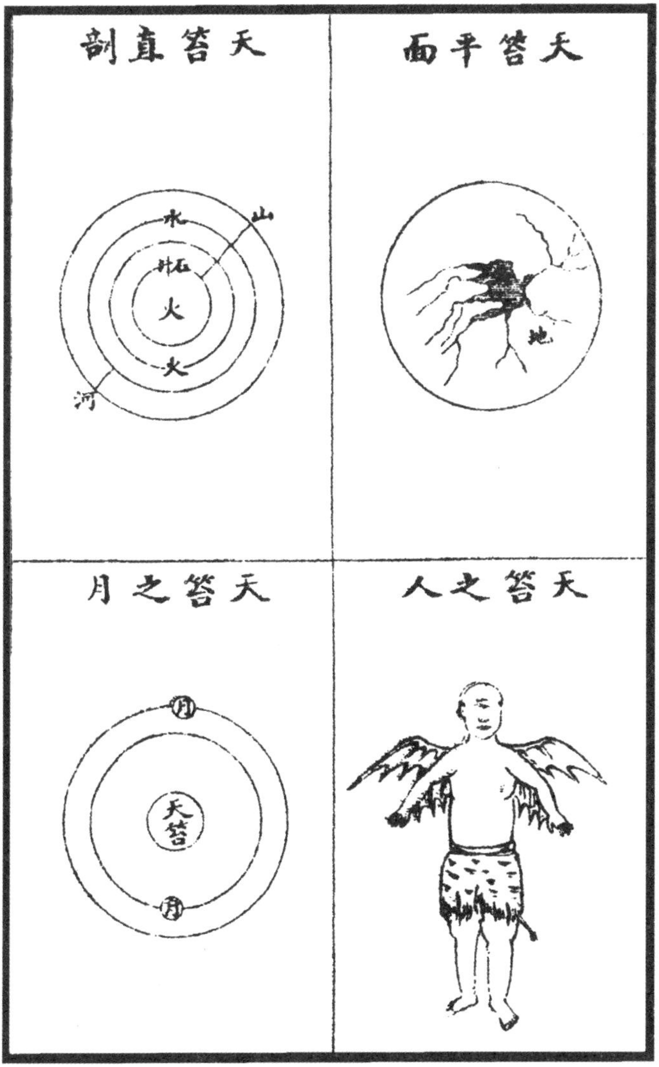

天答星，江希張《大千圖説》

裡曖昧不清。

遙想一百年前，在濟南歷城的江家老宅裡，長夜裡踱步於火柴盒似的庭院，一個孩童正在仰面觀天，星月之光把他的臉照得白而亮。或許，世界、宇宙、外星生命，只不過是一個九歲孩童心頭稍縱即逝的幻象。

髮妖

二月二，龍抬頭。這一天理髮店生意興隆，許多人排隊理髮。民間有「正月不剃頭，剃頭死舅舅」之說，人們在農曆新年前理髮，過了春節，整個正月裡都不理髮，只等出正月才理。「死舅舅」當然是無稽之談，民國二十四年（一九三五年）版《掖縣志》載：「聞諸鄉老談前清下剃髮之詔，於順治四年（一六四七年）正月實行。明朝體制一變，民間以剃髮之故思及舊君，故曰『思舊』，相沿既久，遂誤作『死舅』。」原來是清代剃髮易服後，民間多有人思舊，訛傳為死舅。

雖是訛傳，卻已沿用為習俗。人們在正月裡不理髮，或因正月裡寒冷，留髮可以保暖，不宜剪短，自有其合理的一面。而當二月二的晚上，二十八宿中的角、亢、氐、房、心、尾、箕七宿組成龍形星座的「龍角」部分就從東方地平線上露出來，謂之龍抬頭。這也預示著春回大地，萬物復甦。一年之計在於春，二月二這一天理髮，也是為一年開個好

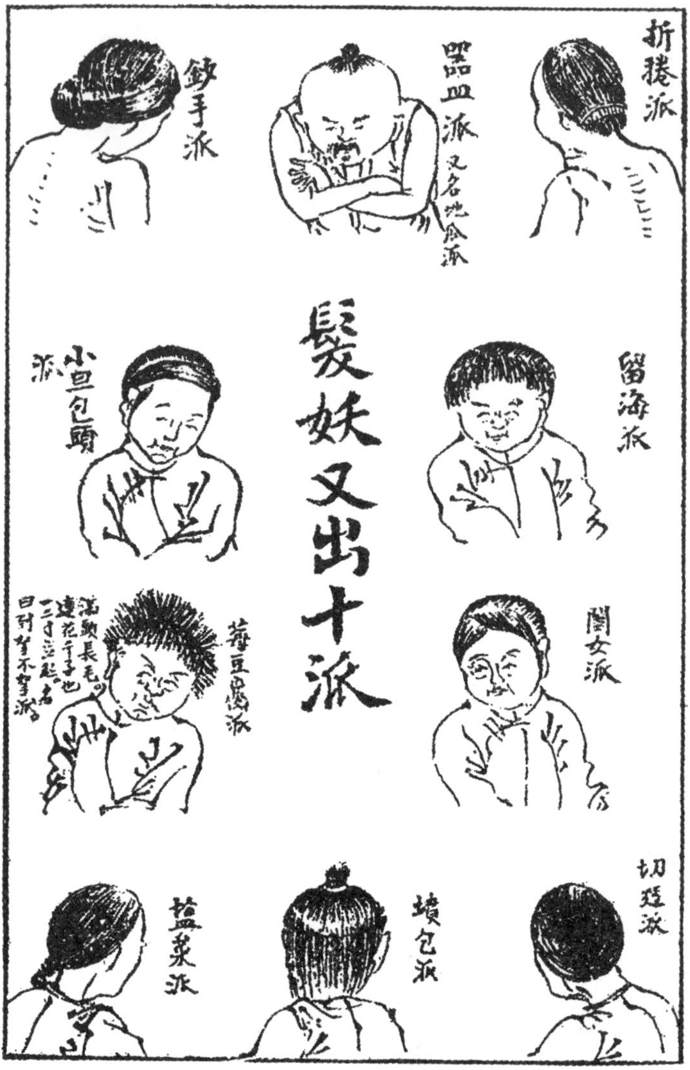

髮妖，一九一二年《通俗畫報》

頭，以新的面貌迎接新的歲月。

俗話說，新頭醜三天；三天後，大家都適應了。剃髮易服這樣的大變，沒多久也都適應了。清初有許多人哭著喊著不肯剃髮，到了民國，又有許多人哭著喊著不願剪去辮子，前後相較，令人頗難理解。

一九一二年的《通俗畫報》稱新髮型為「髮妖」，當時正是民國元年，剪辮後，奇異髮型層出不窮。《通俗畫報》作〈髮妖又出十派〉一圖，繪十種奇異髮型，謂之十派，分別是：折捲派、器皿派（又名地瓜派）、鈔手派、留海派、小旦包頭派、閨女派、莓豆腐派、切麵派、墳包派、鹽菜派。這十種髮型是當時的新派，故稱之為「髮妖」，也算是妖怪家族的新成員了。

細看〈髮妖又出十派〉中的十種髮型，倒也不稀奇，只是在當時的環境之下覺得新鮮。「折捲派」似乎是將腦後的長髮捲起來箍住，像是剪辮之後生出的新髮，不知如何安置，順勢處理一番。「器皿派」是在頭頂心紮了一個鬏鬏兒，像個茶壺蓋。「鈔手派」是兩股長髮在腦後打結，就像兩隻手抄在一起。「留海派」就是在前額蓄一層短髮，遮住額頭。清代男子剃髮紮辮子是要剃光前額的頭髮，後來這個禁忌取消，任由前額頭髮生長。

「小旦包頭派」是指像京劇裡的旦角一樣，用包頭布包住前額。「閨女派」是左右交疊的斜瀏海。「莓豆腐派」是指滿頭長毛直豎起來，像南方名吃豆腐乳發酵以後長的毛一樣。「切麵派」是指像切好的麵條一樣，盤成一盤。「墳包派」與「器皿派」類似，只是頭髮比「器皿派」多，中間鼓起。「鹽菜派」是指像鹽漬的蔬菜一樣，又皺又髒的一束。

這些髮型有男有女，又以男性為主，無所適從的頭髮，正是一個時代的寫照。

卷二

舶來舶去

如何想像中國怪獸？

一

在遙遠的東方，鳳凰的雙翼切割著薄暮時分的弧光，致使黑夜提前降臨。想像中的古老帝國，其疆域彷彿永無休止，綿延幾萬里的廣袤空間，正被珍禽異獸填滿——它們的個頭幾乎都像吃了酵母，松鼠也變成駭人的巨獸，喬木結出的球狀果實，足有半人高，兩個人合力才能勉強抱起，似乎只有把動物和花木身形一再拉伸，才能與帝國土地的豐饒與瑰奇相稱。而在海濱，還有大口吞食魚蝦的海馬獸，在南海，水中冒出肥碩的蓮梗，瞬間生出葉片，有女神趺坐在團葉之上，由它統轄這片風雨海域，就在它的身後，有海中大魚變成飛鳥，掀起沖天巨浪，暴雨多日不曾止歇。

基爾學（Athanasius Kircher）的圖像描繪中，最引人注意的就是這些來自中國的珍禽異獸，他所描述的中國讓我們甚感陌生，正如凸面鏡中的形象，令人錯愕難當。薩依德（Edward Said）就認為東、西方文化之間的理解不可能實現，其本質只能是一次對視、一種揑造、一場想像，是把對方妖魔化的過程，相互理解無從談起。

基爾學何許人也？這是個陌生的名字，與和他同時的利瑪竇（Matteo Ricci）、湯若望（Johann Adam Schall von Bell）等聞名遐邇的傳教士相比，基爾學似乎更嚮往中國，他主動要求前去，卻未能成行。他的主要資訊來源是卜彌格（Michał Boym）、衛匡國（Martino Martini）、白乃心（Johann Grueber）、金尼閣（Nicolas Trigault）等幾位傳教士，他們給基爾學帶來中國的消息，也包括和中國有關的圖像史料。據說基爾學還曾臨摹《三才圖會》、《山海經》等古書裡的圖像，這些來歷不明的古書，傳言是他的學生衛匡國帶回歐洲，基爾學見了，如獲至寶，認為掌握這些圖像資料，即可認識中國。

圖像中的中國令基爾學心馳神往，可是他哪裡知道，這些來自中國的古籍及插圖並非實錄，同樣是誕妄的幻象，再經他的發揮，中國的風物已然扭曲。雖然舛訛百出，但正是這些可愛的謬誤，使得基爾學重新煥發光彩。在所謂的科學理性時代，終日面臨工業般的精準流程，個體精神的行跡近似於水土流失。基爾學對神話國度的狂想，帶來震驚的體

▲ 龍虎鬥，基爾學《中國圖説》（德）

▼ 巨大的松鼠，基爾學《中國圖説》（德）

驗，至少還有人是不同的，其頭腦不入規矩之中。

《中國圖說》（*China Illustrata*）是一部圖文並茂的大部頭，圖和文均出自基爾學之手。他對自己的才能頗為自負，經常把自己的形象畫在書中，與古聖先賢並置；與此同時，他又是謙遜的，把自己安置在角落，是知識人的自信，亦是不自信。

二

十七世紀的歐洲，如何想像中國是個誘人的話題，中國似乎是懸空的——東面和南面被大海包圍，洋流和暗礁拱衛著帝國，遠來的船隻傾覆於波濤之中，又有來路不明的海中怪獸，向遠來的舟楫噴灑水沫。在西部邊陲，又有著茫茫大漠的阻隔，流沙令商旅沉陷。在北部，還有長城攔擋南下的馬蹄。中國位於不可抵達之處，即便冒著重重危險來到這裡，洋人的面孔也會被辨認出來，藏匿洋人即會獲罪，外來者照樣無路可行。

想像中的中國來自道聽塗說，得自流言，幾經輾轉，成為圖像。說到遙遠的中國，基爾學感到難以下手。他在《中國圖說》的扉頁寫道：「它是如此之大，以至還沒有人能夠

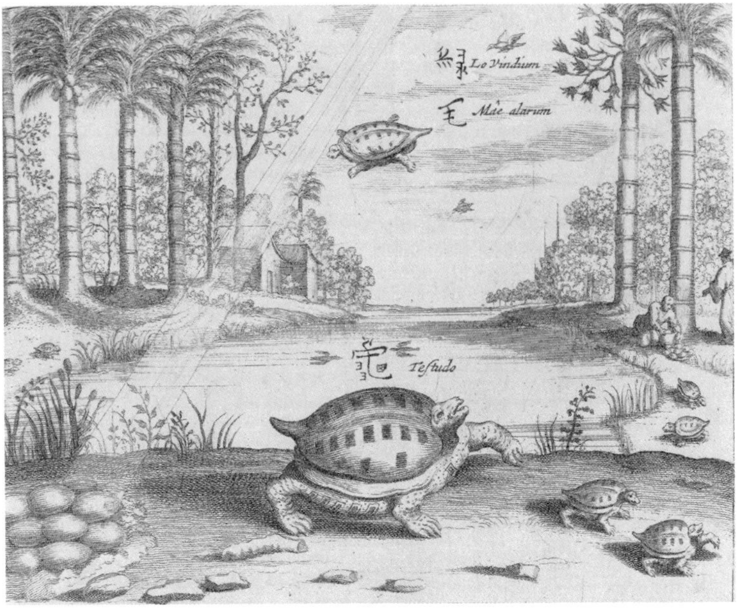

會飛的綠毛龜，基爾學《中國圖說》（德）

確定它準確的疆界。」超越經驗之外的神祕國度，使他感到無力；幾乎與此同時，想像異域的狂熱變得不可抑制。他用最為精細的銅版畫技術，反覆描摹著未曾得見的東土，技術與所指對象之間，存有天圻地陷般的落差。

與基爾學的自信背道而馳的是，他描述中國時，完全採信道聽塗說，以隨意發揮為能事。即便他對中國的認知多半仍停留在《馬可・波羅遊記》的時代，尚且分不清韃靼與中國的關係，但這不妨礙他在筆下描繪出中國的街道、建築、人物、衣飾、山水，以及更為吸引人的動物和植物。「世界上只有中華帝國才有那麼多的城市，多得幾乎數不清，它們很繁榮，很多城市大到可以被看成一個省，到處都是城鎮、堡壘、別墅、宮殿和寺廟。」除此而外，萬里長城更像是苑囿的高牆，其中包裹著重重宮室，外人難窺其祕，但見黑不透光的簷角振翅飛上天空，切割著夜晚。

「柯勒律治（Samuel Taylor Coleridge）亦曾夢見自己插翅飛到上都忽必烈的皇宮中——元上都（Xanadu）一詞在英文中也有『世外桃源』之意。醒來後，柯勒律治確信自己在夢中作了一首三百行的長詩。憑著記憶，他記下其中的一個片段。柯勒律治不知道，當年忽必烈正是因為曾夢到這座皇宮，才讓人在元上都中依樣建造一座與夢中所見一模一樣的宮殿。」*

法國人熱拉爾．馬瑟（Gerard Mace）的描述，無疑給「夢遊中國」提供一種更為古老的樣本——在歐亞大陸的兩端，同一座宮殿出現在兩個人的夢裡。夢中宮殿的來歷顯得

* 熱拉爾．馬瑟：《量身定製的幻想》，華東師範大學出版社，二〇一〇年版。

可疑，詩人用詩歌見證並歡喜讚嘆，君王則耗費民力將其建成。應該說，這二人都在對夢中的宮殿進行模擬（simulation）。同樣的，博赫士（Jorge Luis Borges）在《探討別集》也寫到柯勒律治之夢，同一個夢境，出現在柯勒律治和忽必烈的夜晚。宮殿飄浮在他們頭頂的黑暗中，隨著呼吸而蕩漾，直到黎明的白光迫近之際，夢中的一切才會化作碎片，消融在初升的晨光裡，大夢醒來，不知身在何處。

值得注意的是，只有夢中的宮殿才是真實的，真實的存在反而成為虛幻之影，這實在是難以破解的悖論。基爾學對中國的視覺再現，雖然顯得怪誕不經，我們卻寧願相信，確有這樣一個與我們平行的時空存在，與我們的時代並行不悖，正如觸手可及的夢境。

三

對中國的想像，就像基爾學滿無休止的夢境，在夜晚內部的黑暗中裂變出新的肧芽，旋即長成參天的華蓋，中國的細部在葉底一一翻開。基爾學寫道：「在廣東省發現有四隻眼睛和六條腿的海怪，樣子像龍蝦，它們同牡蠣生活在一起，可以看到它吐出珍珠。如果進行比較，我應說這是一種海洋蜘蛛。它的身體類似甲魚或帶電的鰩魚，背上有四隻眼睛，還有甲魚一樣的四條腿，它用它們划水，但不用它們走路。」*

對海蜘蛛的記載，同樣見於明人黃衷《海語》：「海蜘蛛巨若丈二車輪，文具五色。」基爾學所描述的，不知是不是得自南海之濱的祕傳故事。對異域怪獸的想像超出日常經驗，落筆時的語氣顯得毫不遲疑。只有如此，才會與異域的神祕相稱，久而久之，連他也相信自己筆下所寫的就是真相。來華傳教士的見聞，在傳回歐洲的途中發生畸變，怪誕不經的新物種在語言中滋生。它們通常有著更為密集的器官，相應的，還要有更為凶猛的秉性；當然也要身懷稀世珍寶，如此這般，才能滿足獵奇的需要。

在西方讀者眼中，基爾學描述的未知世界是由聞所未聞的動物、植物填充，儼然神話中的國度。即便如此，也少有人表示懷疑，畢竟，幾乎沒有人親歷，人們對遙遠的東方還不敢輕易評價，稍許的懷疑都怕落後於時人。當時，談論東方是極為時髦的話題。

或許基爾學是對的，他對中國的想像大多來自自由發揮，地域的阻隔致使資訊不暢，

＊基歐爾（內文譯名為「基爾學」）：《中國圖說》，大象出版社，二〇一〇年版。

使他更加放心大膽。雖然如此，他仍相信自己筆下描繪的是實有的生物，它們生存在不可知的時空之內。基爾學看破了時人的心思，不管多麼離奇，都會有人忙不迭地隨聲附和。在讀者的助力之下，六條腿的海怪在複述的過程中會繼續裂變，變成十二條腿，這恐怕是基爾學始料未及的，他的讀者遠比他更大膽。於是，中國的動物愈發出奇，在歐洲人的講述中不斷變形。

多年後，英國馬戛爾尼使團出訪大清，使者們在乾隆帝的授意之下，目睹了一場新編劇碼《四海升平》。在避暑山莊的行宮中，大劇開幕了，在使團成員看來，劇中展示出帝國陸地與海洋的動植物，令他們頗感驚奇，當然也錯認了不少：「就我所能理解而言，我認為它表演的是海洋和陸地的婚姻。後者展示它的各種財富和產品，龍、象、虎及鷹，還有鴕鳥、橡樹、松樹，及其他各色各樣的樹。海洋不甘落後，而在舞臺上傾吐境內的財寶，有鯨和海豚，小海獸和大海獸，以及其他海怪，此外有船隻、礁石、貝殼、海綿及珊瑚，都由隱匿的演員表演……它們左右排開，給看似指揮官的一頭鯨魚讓出地盤，讓牠大搖大擺出來，牠站在正對著皇帝包廂的位置，口裡噴出大量的水射向大廳，水很快從地板孔隙裡消失。這突然的噴吐得到很大的喝彩，我身邊的兩、三個大人要我特別注意，同時重複喊：『好，真好！』」

乾隆精心準備的《四海升平》原有懷柔遠人之意，劇中的各路神仙開闢水路，為英吉利使臣回國斬殺各路妖魔，海上的道路已然打通。乾隆本人也深信，帝國的聲威無遠弗屆，在他的意念中，遙遠的西洋也在其囊橐之中。而在語言不通的英國使團那裡，只看到滿臺飛舞的動物——由人扮演的各式海中鱗介，彷彿隨著波浪上下，雖然不明就裡，卻也看得津津有味。

四

類似的變形在古代中國有相似的例子，中國想像外國也大抵如此，這與歐洲人想像中國的方式形成鏡面似的對稱。十九世紀英國漢學家威妥瑪（Thomas Francis Wade）來華時得到一部明刊本的《異域圖志》，這本書引起他的興趣，多年視若珍寶。書中詳載海外國度，多有怪誕不經者。例如獨眼生在後腦的「後眼國」，渾身毛髮的「長毛國」，還有一首三身的「三身國」，尖嘴雙翼的「羽民國」，人面魚身的「氐人國」，多有沿襲

《山海經》中海外方國的模式，不過更多的是新的變體，加入明代對海外世界資訊的重新梳理。

航海帶來模糊的印象、道聽塗說的傳聞，都在紙上落地生根，滿足人們對外部世界的想像。海外神異國度的子民，多是身體畸形或半人半獸，顯然，這是來自「中央之國」的偏見。在古國的潛意識裡，只有天朝上國的子民才是正常人，四野八荒的夷狄盡是不開化的野蠻人，他們的身體也隨著空間的邈遠而衰減，成為駭人聽聞的野蠻人。

基爾學操控的變形術對中國保持敬意，但在宗教的語境下頗有微詞。他認為上帝的光輝沒有照耀到這裡，「正義之光還沒有照射到他們身上……巨大的習慣力量與迷信，以及惡魔的奸計都依然存在著」。在這種觀念的驅使之下，對妖異與邪魅的想像從未止步。

五

做為寫作者，基爾學也是古老的範例。他的書首先在知識界引起巨大反響，成為了解東方的視窗，甚至成為漢學的源頭。而在大眾讀者那裡，又因奇趣而受到歡迎。《中國圖說》在歐洲出版後，圖書館裡的藏本都被人們撕去插圖——那些銅版畫的插圖太精美了，足以令前來圖書館的市民心癢難搔，趁著圖書管理員昏昏欲睡之際，把插頁偷偷撕下，藏匿在貼身的口袋裡。基爾學的多數著作都得到這般禮遇。

基爾學寫《中國圖說》耗去多年時光，他埋首在中國的石碑拓片、方塊漢字和來歷不明的中國紋樣。他起身，反手捶打痠麻的脊背，此時，歷史的指標已經指向一六六七年歲末，《中國圖說》書稿已成，新鐫的銅版也在薄暮時分的夕照中翻開千溝萬壑，柔順的線使基爾學想起故鄉富爾達（Fulda）的農田，密集的田壟隨著地勢翻騰出波浪，與他今日所作何其相似——同是來自季節與大地的訊息。萬物生息繁衍，各自遵守秩序，即便是想像中的東方，也按照設想中的程式運轉。

六

那時節，基爾學虛構出一個世界，又對其信之不疑，包括他的讀者們也開始對中國津津樂道。給教皇的信中，基爾學稱這本書是「我的新作，也是我智慧的結晶」，他已經不年輕了，此時六十六歲。窗外是羅馬城的街市之聲，他起身關閉窗戶，雕花窗格裡有塵埃泛起，把那些喧鬧擋在窗外。

人形植物簡史

近年來頻頻有人形植物的新聞出現，大多是何首烏、人參等塊根狀植物的根部。這些人形的塊根多有和人類體貌相近之處，拔蘿蔔時，也常看到尾端分叉的類人狀態。民間語境中，這種人形植物被認作是「草木成精」，並認為這類植物具有補益功效。神話傳說中，甚至認為這種植物能使人長生不老，附會出「仙藥」的功能，使得人形植物成為頗具魔性的話題。魯迅〈從百草園到三味書屋〉寫道：「有人說，何首烏根是有像人形的，吃了便可以成仙，我於是常常拔它起來，牽連不斷地拔起來，也曾因此弄壞泥牆，卻從來沒有見過有一塊根像人樣。」

神話史學者袁珂認為動植物成精都是上古神話的孑遺，是洪荒時代先民們「物我混一」的自然想像；只不過植物這一脈的神話日漸衰微，僅在民間保留一些碎片，例如董永七仙女故事中的老槐樹開口說話即是一例。古神話的遺留，進入民間傳說，餘韻不絕，人形植物有著更為深遠的傳統。

除了上古神話的影響，還有一種鮮為人知的外來傳統，啟動了帝國人形植物神話的古老記憶，使人形植物的神話更加光輝奪目。在歐洲，有很多人形植物的傳說，其中有個故事流傳較廣。說的是一個遭受絞刑的男子，蒙受不白之冤，他死後，滴下的尿液和精液滲入土地，生出一種半人半草的未知生物，叫做曼德拉草，有著人形的塊根。拔出這棵怪草，就會看到人形；而地上部分的綠葉，倒像是人形頭頂的裝飾物。這種植物具有強烈的致幻功能，常被用作女巫的魔法活動。

採擷曼德拉草卻極為危險，拔出的剎那，其人形的部分將發出尖叫，聽到的人會受到詛咒，輕則變聾，重則精神失常、死於非命。《羅密歐與茱麗葉》中，茱麗葉死前喝了一瓶毒藥水，喝之前就說聽到曼德拉草的尖叫。莎士比亞（William Shakespeare）這樣描述死去的過程：「一陣昏昏沉沉的寒氣通過你全身的血管，接著脈搏就會停止跳動，沒有一絲熱氣和呼吸可以證明你還活著。你的嘴脣和頰上的紅色都會變成灰白，你的眼瞼閉下，就像死神的手關閉生命的白晝。你身上的每一部分失去靈活的控制，都像死一樣僵硬寒冷。」正因為曼德拉草的尖叫如此危險，根據米爾恰．伊利亞德（Mircea Eliade）的論述，有一整套儀式做為採擷曼德拉草的標準動作：

星期五的夜晚帶上黑狗，用蠟丸堵住耳朵，用繩子將曼德拉草套住，繩子的另一端繫在狗身上，站遠後將肉扔出。飢餓的狗會撲向肉，與此同時，為了蓋過尖叫聲要吹響獵號，狗連著繩子順勢把曼德拉草連根拔出，狗因為聽到尖叫聲就斃命了。等尖叫聲一過，你就可以跑去撿起完整的曼德拉草。

歐洲的古手稿中保留大量關於曼德拉草的資料，包括用狗做替身採集曼德拉草的儀式，也有生動的描繪，可見這一傳統的強大。因為音譯不同，曼德拉草常和同屬茄科的人形植物曼陀羅相混淆，服用後，曼陀羅能令人出現幻覺，同時具有催眠和麻醉之功效，據說華佗的麻沸散主要成分就是曼陀羅花。中國古代的筆記中，我們可以看到曼德拉草傳入中土的蹤跡。宋人周密《癸辛雜識》有「押不蘆」一條，據載：「回回國之西數千里地，產一物極毒，全類人形，若人參之狀，其酋名之曰『押不蘆』。生土中深數丈，人或誤觸之，著其毒氣必死。埋土坎中，經歲然後取出曝乾，別用他藥製之，每以少許磨酒飲人，則通身麻痹而死，雖加以刀斧亦不知也。至三日後，別以少藥投之即活。蓋古華佗能刳腸滌胃以治疾者，必用此藥也。」

大食國，明萬曆刻本《三才圖會》

周密記載的押不蘆，即曼陀羅花的阿拉伯語音譯。曼陀羅花由阿拉伯人經由海上絲綢之路傳入中國，被視作神異之物，也是海上交流史的重要見證。

除了塊根像人的曼德拉草，人形植物還有另外一種形態，姑且稱之為「大食國」模式。唐人段成式《酉陽雜俎》載：「大食西南二千里有國，山谷間，樹枝上生花如人首，但不語。人借問，笑而已，頻笑輒落。」明刊本《三才圖會》據此刻有版畫一幅，畫面中有一棵樹，樹上生有七枚人頭。這一形象疑為曼德拉草傳說的變體，人形的結構在傳播過程中發生由下至上的位移。明代以後，「大食國」的故事傳至日本，被日本人稱之為「人面樹」。日本妖怪畫家鳥山石燕《今昔百鬼拾遺》中有「人面樹」一幀：一棵粗樹分出一些樹杈，每個樹杈上結著果實，每個果實在樹葉的簇擁下露出孩童般的笑臉。釋文曰：「有山谷，其花如人首，不語唯頻笑。頻笑則花落。」與《三才圖會》文字極為相似，可見其源流。

據日本漢學家中野美代子考證，段成式的記載出自唐人杜佑《通典》，而杜佑又是從同族杜環那裡得知。杜環曾於天寶十年（七五一年）隨高仙芝出征中亞，敗於阿拉伯，遭捕後被帶到大馬士革，十年後脫困，經海路回國，著有《經行記》，已失傳。所幸杜佑

《通典》對其多有引用，可略窺一斑。杜環或許在阿拉伯聽到曼德拉草一類的故事碎片，而在故事的多重轉引和複述中，生出新的「人面樹」。杜環的經歷本身就是傳奇，海上奔波萬里帶回來的故事，為人形植物增添新的異域經驗。

值得一提的是，《西遊記》中長在樹上「四肢俱全，五官兼備」的人參果，也是由大食國的形象發展而來。自此，人形植物由致幻劑升級為長生不老的仙藥，雖生在樹上，但其名為人參果，於是又挪移為中藥人參的「人參娃娃」傳說。我們今天對人形植物所抱有的神祕感和敬畏心，也多由此而來。

大唐幻術

一

唐朝是個開放的時代，當時的國都長安是國際大都市，外國人的面孔在街上隨處可見。外來的祕密教派催生出一大批神祕人物，與本土的能人異士爭相登場。有道是「外來的和尚會念經」，那些來自萬里之外神祕國度的僧侶，人們寧願相信他們有著異乎尋常的神通。

番僧多有奇術，有些能刺破肚腹，拉出腸子，或者拿出臟腑展示，然後一一塞回，觀者無不稱奇。此舉無非是炫示神蹟，蠱惑信眾。這一幻術在唐高宗時曾被禁止，據《冊府元龜》載：「番人欲持刀自刺，以為幻戲。帝不許之，乃下詔曰：『如聞在外有婆羅門胡等，每於戲處，乃將劍刺肚，以刀割舌，幻惑百姓，極非道理。』」然而，這類幻術依然屢禁不止，在婆羅門教派的傳播中，仍有這類表演。

《太平廣記．幻術二》載，唐太宗貞觀年間有個從西域來的胡僧，能用咒術把人咒死，轉瞬又能把死人咒活。唐太宗選拔武士前去實驗，都被這個胡僧咒死，轉而又被咒活。當時人們皆以為是奇術，唯獨太長少卿傅奕認為這是邪術。他說：「臣聞邪不犯正，若使咒臣，必不能行。」結果胡僧一試，咒術果然不起作用。

唐人段成式《酉陽雜俎》中還提到梵僧難陀，故事發生在唐代宗時。魏國公張延賞鎮守四川，難陀帶著三個尼姑入蜀，一路狂歌飲酒，又命三個尼姑為戍將*跳舞唱歌，音聲婉轉，舉手投足莫不應和節律。哪知難陀喝酒興起，奪了戍將的配刀，將三個尼姑全部砍死，血流滿地。戍將大驚，剛要把難陀捉起來，結果發現地上哪裡是三個尼姑，分明是三根竹竿，再看方才的血跡，正是尼姑喝下的酒。這才知道三個尼姑正是難陀用三根竹竿變幻而來。

用今天的眼光來看，這些外來的僧侶應該是文化交流的先驅。他們一路東進，抵達大唐腹地，帶了幻術的同時，也使帝國的百姓知曉來自疏方異域的消息。

二

宮廷中的幻術表演可追溯到夏桀時期，夏桀曾「大進倡優爛漫之樂，設奇偉之戲」，是上古巫術的孑遺。漢代宮廷又有所謂的「百戲」，其中有幻術表演。再到後來，幻術又與神話人物緊密聯結在一起。

唐朝推崇道教，玄宗皇帝最喜招羅道家的奇人異士，四處尋訪之下，終於尋得張果、葉法善、羅公遠等人。凌濛初《初刻拍案驚奇》中的〈唐明皇好道集奇人〉寫到這些高人出入宮禁、互相鬥法的情形，實則是對唐人志怪的進一步演義。現在來看，葉法善、羅公遠等人的鬥法，幾乎是唐代幻術的集中演練，他們之間的幾場對手戲，也可看成是唐代幻術的最高水準。

張果即八仙中的張果老，他有一頭毛驢，「日行數萬里，到了所在，住了腳，便把這驢似紙一般折疊起來」；到了要用毛驢時，只需用水一噴紙毛驢，就立刻變成真毛驢。玄

＊編注：戍守邊境的將領。

杯渡禪師，明刊本《三教搜神大全》

宗給張果毒酒，他喝了牙齒變黑，但不久又長出新牙，安然無恙。道士葉法善知道張果的來歷——混沌初分時的蝙蝠精。

適逢元宵佳節，玄宗在上陽宮觀燈火，請道人葉法善一同來看。葉法善說，今夜的燈要屬西涼府最為熱鬧。於是帶玄宗騰雲前往，片刻即到。玄宗身邊無錢，只拿著鐵如意，押在酒家，買了酒菜吃。回宮後，玄宗派人到千里之外的西涼府尋訪鐵如意，果然在酒樓找到，這才知道不是障眼法。葉法善又帶著玄宗去月宮中遊覽，聽得仙樂，玄宗暗暗記下譜子，便是後來聞名遐邇的〈霓裳羽衣曲〉。

武惠妃帶來奇僧金剛三藏，與玄宗身邊的葉、羅二法師鬥法，實際上是佛、道兩家的較量。金剛三藏取一襲袈裟放在箱中，層層枷鎖，然後命金甲神人看護，請葉、羅二人取出袈裟，取不出算輸。羅公遠說已經取走，開箱便不見袈裟，他解釋說，這些護法神只是小道，至於太上至真之妙，就不是一般術士所能知曉的了。原來羅公遠請了無形無質的玉清神女取來，所以不知不覺，眾人皆服羅公遠之能。

《朝野僉載》還提到唐高宗時的幻術大師明崇儼，唐高宗知道他會幻術，便要試試他，命人在宮苑中做一地窖，讓宮女們藏在裡面奏管弦之樂。隨後叫來明崇儼，說：「此地常聞弦管，是何祥也？」他手寫了兩道符釘在地面，奏樂聲就停了。事後，皇帝叫來宮女們詢問，宮女們說，頭頂上出現兩個龍頭，張牙舞爪，「遂怖懼不敢奏樂也」，唐高宗聽了深為嘆服。

宮廷裡的幻術盛宴成為帝王日常生活中的一部分。宮苑是一座金碧輝煌的巨大鳥籠，禁錮在其中的皇帝對外部世界有著強烈的好奇心，幻術帶來的奇異經驗，使皇帝看到帝國的廣袤無垠，奇人異事有著足夠的土壤。上有所好，下必效之，在皇帝的帶動下，唐代的王公貴族也多喜幻術，成為一時風氣。

三

那些隱世的高人有時會來到紅塵中行走，雖然祕法不會輕易在人前顯露。《西遊記》的孫悟空就因為在師兄弟面前賣弄新學的七十二變，而被菩提祖師責罰，甚至逐出師門，可見這是一條頗為嚴厲的禁令。

不過，有些高人為了顯露神蹟，故意在人前露出不可思議的幻術。當然也有些操行不足的修行者，格局境界不高，學了些皮毛就在市井間賣弄。當然也有些幻術是為了坑騙錢財，甚至傷天害理。

有一個「板橋三娘子」故事，說的是大唐元和年間，汴州西有板橋店，老闆娘是個寡婦，人稱三娘子。有位客人趙季和住在板橋店，夜裡失眠，聽到隔壁有動靜，透過牆上的縫隙偷看，見三娘子正拿出一個木牛和木人，只有六、七寸的樣子。她對木牛和木人噴水，木牛和木人就活了，便在灶坑前的一小塊地上耕地，三娘子又拿出一袋蕎麥種子，讓木人種在地裡，瞬間即發芽開花結籽，又指揮木人收割，磨成麵粉。三娘子用這些麵粉做成燒餅，做為第二天的早飯。趙季和看在眼裡，心裡產生疑惑，一早就跑出門去，從窗外往屋裡偷看，只見那些客人吃了燒餅，倒地變成驢子，三娘子把驢趕到後院，把客人的財物據為己有。趙季和一個多月後返程，仍然住在板橋店，到了第二天早上，三娘子端來燒餅，趙季和說自己帶的燒餅還沒吃完。趁著三娘子出去拿東西，偷拿一個三娘子的燒餅，換上自帶的燒餅。待三娘子進來時，就對三娘子說，這盤燒餅你端下去吧，你也嘗嘗我帶的燒餅吧。三娘子一吃才知道中計，立刻倒地變成一頭驢。趙季和騎著這頭驢遊走四方，四年後，路過華山廟，有一個老人在路邊拍手大笑：板橋三娘子，妳怎麼落到這般地步？

老人抓住驢，對趙季和說，她雖然有罪過，但經過你這麼一折騰，也夠受了，還是放過她吧。老人抓住驢嘴，「以兩手擘開，三娘子自皮中跳出，宛復舊身。向老人拜訖，走去，更不知所之」。

酒樓客店是紅塵擾攘之所在，高人遊戲世間，穿街過巷，時有出沒，借此點化有緣。沈既濟《枕中記》載，開元年間，書生盧生功名不就，鬱鬱不得志。這一日到邯鄲住店，遇到道士呂翁，據說就是呂洞賓。呂翁見盧生愁眉不展，就贈他一個枕頭，讓他先安睡。盧生入睡後，夢到自己科場得意，又娶了嬌妻，一路扶搖直上，後來做了戶部尚書兼御史大夫、中書令，封燕國公，富貴至極，最終在八十歲時因病不治，撒手塵寰。盧生入睡前，店家在做黃粱飯，醒來時，黃粱還沒有熟，成語「黃粱一夢」就是出自這裡。這麼短的時間內便經歷一生，原來富貴榮華也不過只是一夢，何乃太匆匆。呂翁的枕頭儼然一臺造夢機器，生產出諸般幻象，將盧生從人生大夢中驚醒。

一般而言，市井之中皆是日常的柴米油鹽，並無新奇可言，只有生活日復一日。能行幻術者廁身市井之間，為平庸的日常增添傳奇，許多人的命運因而改變。

四

唐朝有個僧人萬回，俗家姓張，他的哥哥在安西都護府（今新疆一帶）當兵，萬回的家則在虢州（今河南靈寶）。安西遠在萬里之外，父母日夜思念萬回的哥哥，萬回便自告奮勇，讓父母準備要給哥哥的衣服乾糧，他早上出門，傍晚時返回家裡，並帶回哥哥的音訊。這時人們才知道萬回能日行萬里，於是就稱他為「萬回哥哥」。玄奘取經歸來時，聽說西土的菩薩降生東土，名叫萬回，曾前來拜望。萬回日行萬里的法術，道家稱為縮地術，而萬回後來入佛，佛家稱此為「須彌芥子」，是一種神通，能把千萬里的空間轉化為尺寸之間，輕鬆跨越巨大的空間阻隔。現在來看，只有唐帝國的恢宏疆域，才會有這等故事，若地域狹小，則會限制這種想像。

神仙索的空間術是唐朝開元年間的事，始見於唐人皇甫氏《源化記》。當時玄宗皇帝在位，常賜給百姓酒和食物，嘉興縣的縣司和監司各出節目，有意比試高低。獄中有一囚犯，自稱會「神仙索」的把戲，於是監司將其帶到戲場。只見該囚犯取繩子往空中一拋，繩子拔地而起，升上半空，就像空中有人拽著一樣。這個犯人爬上繩子，一直爬入雲端，

萬回，明刊本《三教搜神大全》

連人帶繩消失，穿越到不為人知的所在。從此以後再也沒有人見過他，他借助普通的繩子逃走。越獄逃跑的花樣千萬種，這個囚犯算是獨一無二，其他囚犯只有羨慕的分。他用的幻術即是神仙索，據說源自印度，後世又稱之為「繩技」。清代畫家任渭長曾作《三十三劍客圖》，其中有一圖為《繩技》，描繪的便是神仙索的表演。可惜的是，神仙索和其他幻術一樣失傳了。

有唐一代，不單是唐詩，在那個包容而多元時代，幻術何嘗不是一種觀念的折射。唐代的經濟繁榮，百姓的精神生活與審美情趣亦有了新的訴求。絲綢之路的貫通，使得西域幻術湧入中土，在中外文化的碰撞之下，唐代幻術才有燦然勃興之象。外來文化的交流碰撞下，幻術品類激增，與幻術有關的奇人異事就愈傳愈神。唐代幻術後來傳到日本，稱為「唐術」，可見其影響之深。

《山海經》怪獸的譯法

美國旅行家威廉．埃德加．蓋洛（William Edgar Geil）的《中國長城》（*The Great Wall of China*）是西方人對中國長城的首次徒步考察，從渤海之濱到西北大漠，一百年前的長城風貌在大量的歷史影像中撲面而來。

蓋洛喜歡新奇事物，在他看來，中國長城首先是一種無可比擬的精神存在，而從文化層面來看，長城又可看成是中國的象徵。隨著長城考察的深入，蓋洛一行切入了古國腹地，除了與長城有關的影像紀錄，他還注意到民間流傳的諺語，例如「幫人幫到家，救人救到底」、「胳膊折在袖子裡」、「沒有金剛鑽，不可攬瓷器」都被譯為英語，與漢語原文一併放置在《中國長城》的頁眉上。

夾雜在書中的還有十六幀中國怪獸的畫像，頗能引人注意。這批畫像每隔若干頁即出現一次，與正文內容並無直接關聯，只在每圖下有小字注解，注明怪獸的名稱及來歷。

▶ 雙雙，威廉·蓋洛《中國長城》（美）
◀ 歡朱，威廉·蓋洛《中國長城》（美）

這些怪獸皆來自中國古籍《山海經》，與傳世的幾種《山海經》圖本比較，《中國長城》的怪獸風格似乎更接近明代胡文煥刊刻的《山海經圖》。蓋洛應該在途中得到這樣一冊本子，或者是明刊本的翻刻本。但從畫功上看，蓋洛的描摹與原作相比幾乎是失敗之作，線條粗糙鬆垮，形象亦無清晰面貌，但他似乎意不在此。

這些畫像夾雜在古長城的照片之間，在簡短的圖注中，蓋洛偶爾會提及這些怪獸與長城的關係。例如龍首神的圖注，他標記道：「它生活在長城以北。」以長城為界，怪獸們或南或北，被分在兩個區域內。在蓋洛看來，它們都圍繞在長城周圍，猙獰的面貌正是人文地理及民族志的必要構成。圖像與正文的若即若離，為文本提供平行空間；怪獸們與長城在空間上的並置，使長城充當某種分界；高牆的阻隔之下，它們各安其所，甚至老死不相見。

山精水怪是地方神靈，有自己的地盤，多半是農業的，不時製造怪異事件，扮成神頭鬼臉，吸引盲目信眾，它們是那個時代裡令人敬畏的鄉賢。這些怪物究竟是真實的存在，還是來自觀念中的巨大虛空？蓋洛的態度曖昧不清，從他講解怪獸的語氣來看，並未評價它們的真實與否，只負責描述。在怪獸之中，有四翅六腿而無頭的帝江，還有人身龍頭的計蒙、蛇身九頭的相柳、肉翅鳥嘴的歡朱，以及半人半馬的英招；而長城蜿蜒盤旋，從它們中間疾馳而過，人工的分界線首次穿越神話世界。

描述種種怪狀的同時，名稱的翻譯遇到諸多難處，有些怪獸的名字難以找到對應的英文詞彙，只得按照其形狀如實描述，例如「並封」是雙頭豬的形象，就直接譯為「double-pig」，龍頭人身的「計蒙」譯為「man's body, dragon's head」，吃人的怪獸「鼓」譯為「man-eating monster」。這些直來直去的譯名是中國怪獸外傳時的「言說難度」，為我們帶來意味深長的文化景觀。

混雜在《中國長城》的怪獸們，儼然是《山海經》的一種外傳版本。流傳到海外的《山海經》繪本頗多，例如西班牙人繪製於一五九〇年的彩色繪本《謨區查鈔本》，日本江戶時期的彩繪本《怪奇鳥獸圖卷》，都可看成是《山海經》的變體。這些外傳的版本，似曾相識的怪獸嘴臉，喚醒古老記憶。不同文化間的隔膜與疏離，將怪獸引向不為人知的所在。

日本妖怪：幽暗、邪魅與狂猖

一

在日本，所謂的「妖怪學」是一門顯學，高校裡設有妖怪學專業，甚至孵化出許多妖怪學博士。日本歷史文化中，確有數不清的妖怪，還有枝葉葳蕤的妖怪家族，以及引人入勝的妖怪故事，皆在妖怪學的範疇之內。

日本學者井上圓了是妖怪學的首倡者，他四處蒐羅妖怪傳說及民俗資料，在《妖怪學講義》中首提「妖怪學」的概念。在井上圓了看來，妖怪有真怪和假怪的分別，他又將妖怪細分為若干小類，是為妖怪分類研究之始。柳田國男則從民俗學的角度研究妖怪，認為妖怪是理解民族性格及文化心理的門徑，將妖怪研究視為理解日本歷史和民族性格的方法之一。柳田國男認為「妖怪乃是已失卻神威諸神的淪落形態，是被貶到凡間的神明」。柳田國男還在《遠野物語》中描述天狗、河童、山男等日本妖怪，使這些妖怪聲名鵲起。

此外，還有講述妖怪的怪談文學，類似於中國的志怪和傳奇。田秋成《雨月物語》在模仿中國古代志怪故事的基礎上，又有日本審美視角。生於希臘、長於英、法的列夫卡迪奧・赫恩（Lafcadio Hearn）因喜愛日本妖怪文化而加入日本籍，還娶了日本妻子。他後來更名為小泉八雲，名作《怪談》來自妻子講述的日本妖怪故事，把日本妖怪介紹到西方。

值得注意的是，日本妖怪學還有久遠的圖像史傳統，也讓日本的妖怪引人入勝。江戶時代的畫家鳥山石燕驚才絕豔，他歸納外來妖怪與本土妖怪，繪製出《畫圖百鬼夜行》、《今昔畫圖續百鬼》、《今昔百鬼拾遺》、《畫圖百器徒然袋》等系列繪卷，成為日本妖怪學的一大源流，後世的畫家和研究者多從鳥山石燕的作品中找到靈感。又有葛飾北齋、歌川國芳、月岡芳年、河鍋曉齋等妖怪畫的巨匠，名手輩出，且能窮盡畢生精力作畫，他們筆下的妖怪出沒在海上巨浪、山澗的溪流、黃昏時的古寺，以及乾涸的河床，甚至心念所指之處，隨時即有妖魔出現。不可捉摸的幽隱恐怖之物，都在紙上凝結成形，帶來視覺上的震驚體驗。由此，日本妖怪獲得不可比擬的圖像資源，見證著一個民族的黑暗心靈史。

河童，十九世紀《怪奇談繪詞》

濡女，十九世紀《怪奇談繪詞》

釜山海蟾蜍，十九世紀《怪奇談繪詞》

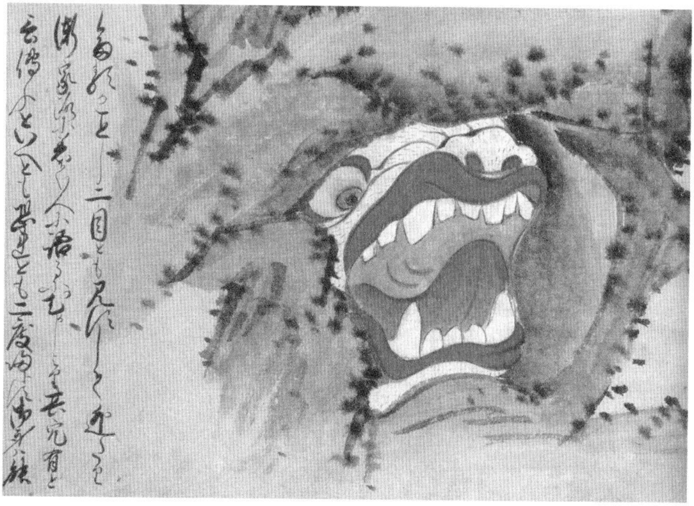

洞妖，十九世紀《怪奇談繪詞》

二

日本妖怪中的七成來自中國，是名副其實的「舶來品」。自唐以來，中國古籍《三才圖會》、《山海經》、《淮南子》、《酉陽雜俎》等流傳到日本，其中多有精怪圖形，促成日本妖怪的集束式爆發。尤其是《山海經》，其中的神明和怪獸使日本畫家受到啟發，在變形和怪誕的不明物種之中，似乎包藏著更具永恆意義的魔力。舶來的妖怪在日本落地生根。

水木茂的《妖怪大全》收錄七百六十四種妖怪，此外尚有許多不知其名的山精水怪，數目難以估量。因各地妖怪太多，古代日本政府還專門設立陰陽師，負責驅魔降妖。陰陽師的地位尊貴異常，能夠干涉國政，挾妖怪以令天下。日本妖怪文化的開枝散葉也得益於這種傳統。

妖怪來自未知的幽暗世界，其邪魅、狂狷正與世間的理性劃清界限，妖怪是來自精神深處的古老敵意。日本最為著名的妖怪當屬河童，據說是中國古代黃河水神河伯的變體。古時河神的信仰外傳，隨著世殊時異，信仰逐步衰落，河神則降格為河妖，河童即是水中的食人怪。據日本學者中野美代子考證，《西遊記》的沙僧即是河童。人面蛇身的濡女則明顯脫胎於中國神話中的女媧形象。但濡女變成海濱作祟的妖怪，人只要看它一眼，便會喪命。日本的付喪神是日常器具成精，被主人棄置後便帶有怨念，出來作怪——這是受了道家「物老則怪」思想的影響，琵琶、掃帚、夜壺均可成為精怪。它們將在午夜時分來到街上，招搖過市，這種妖怪大爆發就是所謂的「百鬼夜行」。

二十世紀二〇年代，蔡元培先生所譯的井上圓了《妖怪學講義》由商務印書館印行，這是較早引進的日本妖怪學著作，後來一度中斷。直到近年來，日本妖怪學的著作再次熱門，包括鳥山石燕《百鬼夜行圖卷》、葛飾北齋《北齋漫畫》、小泉八雲《怪談》，還有京極夏彥《百鬼夜行系列》，均受到讀者的喜愛。

三

誕生在蒙昧時代的妖怪文化，在當下「科學理性」的工業時代，不但沒有像傳統民俗工藝一樣凋零殆盡，反而獲得新的生命，這樣的奇蹟發生在日本。日本境港甚至有一條專為妖怪學家水木茂而設立的「水木之路」，境港是水木茂的故鄉，與水木筆下妖怪相關的青銅浮雕、商店、博物館、妖怪廣場、妖怪公寓等隨處可見，這是紅塵世界對妖界的模仿。世界各地的遊客慕名而來，因妖怪文化而帶動起來的旅遊業，已成為境港市的重要經濟支柱。

此外，古老的「妖怪畫」傳統未能失落，而且不斷增殖。水木茂將妖怪畫由版畫、浮世繪等古老形式過渡到了現代漫畫，接通妖怪學的古今脈絡。京極夏彥的新作《百怪圖說》則是一個作家向古老傳統的致敬，其作品帶有濃烈的現代色彩，從中可見妖怪畫在今日的新趨勢。

新的妖怪也被塑造出來，例如日本三重縣一座山的山腰上，有棟廢棄的溫泉別墅，據說經常鬧鬼。荒廢的溫泉別墅很多，有說是妖怪作祟，有說是泡沫經濟造成。在日本人看來，「泡沫」是造成泡沫經濟的元凶，那麼，泡沫也是個「妖怪」——它的出現會使經濟一蹶不振。新式的妖怪寄予頗多諷喻，卻又與妖怪文化一脈相承。

年輕一代的生活中，影視、動漫、手遊、圖書、玩偶等文化產品，在日益平面的當下生活中扮演著重要角色，蕩滌著日常的平庸乏味。與妖怪有關的各種文化載體煥發出新的活力，有的恐怖，有的可愛，既滿足現代人的獵奇心理，又能帶來精神上的撫慰。從文化產業的角度來看，妖怪文化中又不斷催生出新的IP，故事模型向古代妖怪中尋得靈感，電子螢幕上的妖怪騰躍，炫示爪牙、毛羽、鱗鬣和萬般變幻，喚醒潛伏在體內的古老記憶，價值不菲的妖怪經濟隨之而來。

當下仍然需要妖怪，只不過其載體發生變化，現代人的需求也有著微妙的差異，在虛擬空間裡，人與妖的相遇才剛剛開始。

四

相較之下，中國的妖怪雖有著更為久遠的傳統，卻過早夭折。最早的妖怪譜系出現在渺遠的傳說中——距今四千多年前的黃帝曾經東巡至海邊，海中冒出一頭神獸，能夠口吐人言，這頭怪獸名叫白澤（見第十二頁）。

《白澤圖》是一種極為古老的妖怪百科，可惜多數已經散佚，只有為數不多的敦煌鈔本殘卷保存至今，難窺全貌。相對而言，上古奇書《山海經》則充溢著豐盈的國妖原型，例如九尾狐、天狗、夔、犰狳、猰貐、窮奇等妖怪。《山海經》中的神獸無疑是一種拼貼術的奇觀，器官的拼貼，物種之間的嫁接，都使妖怪顯得怪誕不經。

中國傳統中，子不語怪力亂神，談妖異之事即有妖言惑眾、蠱惑人心之嫌疑；驅魅的過程中，妖怪遭到放逐，沒有立錐之地。拙著《海怪簡史》出版時，就曾輾轉二十餘家出版社，許多出版決策者認為這是宣揚「封建迷信」，讓我不由得感慨觀念的落後。出版後，又有眾多讀者詢問，書中的海怪是真是假，令人啼笑皆非，學校教育造成「正確答案」的心理焦慮，致使多數人難以在寬泛的趣味之下理解妖怪，觀念的鴻溝難以逾越。

此外，中國古代典籍晦澀難讀，妖怪不成體系，分散在古籍的角落，這對當下的讀者來說也是一大障礙。例如日本妖怪中的姑獲鳥，是出自郭璞《玄中記》：「姑獲鳥夜飛晝藏，蓋鬼神類，衣毛為飛鳥，脫毛為女人。」其出處極為冷僻，此類材料的整理和普及的工作，是極為漫長的勞作。

在中國被驅逐的妖怪，卻在日本繁衍生息，開枝散葉，穿上日本衣冠。年輕人知道妖怪，都是借助於日本的漫畫，抑或是「陰陽師」之類的遊戲，怎能不令人感慨唏噓。

水木茂的妖怪畫

日本民間傳說中的妖怪有上千種，除了恐怖和作祟的妖怪，也有活潑可愛的妖怪。妖怪從古時走到現代，極力隱藏身世，於山澤間生息繁衍，在歷史長河中偶爾露出一鱗半爪，便已驚豔世人——妖怪出示蛛絲馬跡，免得世人將其遺忘，可見也是寂寞之至了。

日本妖怪有七成來自中國，經日本人改造，再加上日本民間傳說中的精怪，締結為嚴密的妖怪家族，每個妖怪都有自己的故事，也有鮮明的辨識度——它們的形貌特徵早就深入人心。日本江戶時代的畫家鳥山石燕綜合《山海經》、《三才圖會》、《西遊記》等中國古籍之長，參照日本神話，傾其一生完成《百鬼夜行圖》妖怪畫譜，共畫妖怪二百零七種。日本今日的「妖怪學」，皆以鳥山石燕的體系為主要源流，又有葛飾北齋、歌川國芳等妖怪畫名手雲集，致使日本妖怪無處遁形。

古代日本的傳統版畫和浮世繪皆是古老的繪畫形式，前者出現《百鬼夜行圖卷》等卷帙浩繁的系列作品，後者又有葛飾北齋的苦心經營。有規模意識的集束式創作，同主題之下的開枝散葉，當然還有囊括天下精怪的宏大野心。妖怪畫出現井噴，而每一種妖怪的驚人貌相，必呈百千思慮，以炫示奇詭為能，對妖怪的研究愈來愈深入。日本江戶時期的市民經濟燦然勃興，給妖怪畫冊的風行提供了民眾基礎，妖怪畫一時紙貴，爭相傳觀之際，鳥山石燕的名聲不脛而走。

鳥山石燕之後，水木茂的作品承先啟後，成為妖怪畫的又一高峰。水木茂的功績在於將版畫和浮世繪時代的妖怪轉變為現代漫畫，以蒐羅之詳備而著稱，拓展鳥山石燕的妖怪體系，典籍有載而圖像無載的妖怪，都被水木茂一一賦予具體形象。這使他成為接續鳥山石燕《百鬼夜行圖》這種傳統的當代巨匠，又因其體例完備而別具一格。

水木茂《妖怪大全》展現近乎狂熱的「收集癖」，每得一故事就欣然自喜，便要搜盡所有故事。此外，水木茂還曾到中國雲南尋訪雲南紙馬——民間祭鬼神的木刻版畫，多繪鬼神之形，畫風狂野。後來也到澳洲尋訪原住居民的壁畫，以及到墨西哥尋找祭祀中的面具。他的視野已經不局限於日本，神異的故事原型、魔性的圖像系統都在他的興趣之內，使他在妖怪畫的創作上更加得心應手。

他走進鄉間收集民間傳說和圖像，田野調查使虛構走向實證，以往的妖怪故事被認為是無知和迷信，那麼，直到如今還有那麼多人堅信妖怪的存在，就不得不考量一個族群的風俗和習慣，並正視集體記憶的深遠影響，以及其當下的意義所在。畢竟，古老的認知方式直觀、混沌、率真，在科學理性的工業時代，仍然在內心深處的隱祕角落潛伏，成為隨時可以退守的最柔軟部位，這是妖怪負隅頑抗的最後防線。

從近千頁的《妖怪大全》來看，水木茂的作品多採用黑白二色，是對鳥山石燕、葛飾北齋等古代畫家的致敬；而歌川國芳等人筆下的妖怪形象，水木茂多有沿襲，只不過變猙獰為圓潤，少了些恐怖意味，多了些活潑可愛之風。有些妖怪腦袋極大，身子卻短小，看了令人發笑。這是水木茂的智慧，他看到妖怪在當下的處境，猙獰粗糲的古風只屬於遙遠的江戶時代，而當下，更多人需要在妖怪中尋到撫慰。

大色塊的黑使讀者展卷觀看時，臉上被映上黑暗，夜晚提前降臨。妖怪出現在夜晚，深夜裡趕路的歸客行色匆匆，即將趕到家門之際，卻與妖怪猝然相遇。畫面在這一刻定格，沒有人知道這個歸客後來的命運如何——他是否由此次驚嚇而脆弱一生？水木茂不提供這種答案，他所做的只把遭逢妖怪時的驚恐定格，於紛亂傾覆的激流中尋得片刻之靜。

水木茂的妖怪畫中多有這般張力，似乎要掙脫平面的束縛，足以令人看得驚心動魄。圖畫之外，文字的闡發也由水木茂來完成。半頁圖畫在上，半頁文字在下，顯然有著精心安排。古人著書立說，便早已重視圖的效用，即中國古書所謂的「左圖右書」、「文不足以圖補之，圖不足以文敘之」。水木茂沿襲這一優良傳統，其文字簡要精準，交代妖怪的名諱、身世、籍貫，以及種種妖異之處，與圖像一道建構日本妖怪譜系。

水木茂於二〇一五年年末辭世，享壽九十三歲。他彷彿並未走遠，在接近一個世紀的生命歷程中，把妖怪視為唯一樂趣；八十多歲高齡時，仍在雜誌連載新的漫畫作品，創造力之旺盛可見一斑；其精神並未隨著身體而衰老，反而童心大熾，這或許也是其得以長壽的祕鑰。

水木茂在晚年仍記得日本自古流傳的一個遊戲：眾人聚集一室之內，燃起一百支蠟燭，人們在燭光裡講妖怪的故事，每講完一個，就吹滅一支蠟燭，直到最後一支蠟燭熄滅時，真正的妖怪就會出現，真正激動人心的時刻，剎那之間卻有永恆的魅惑。

古老的遊戲已經失傳。如今，在水木茂身後，只要在這美好的夜晚展觀《妖怪大全》，讀完最後一個故事，掩卷之際，妖怪是否會霍然出現在眼前？

外國人與中國龍

一

龍在東方是意味深長的文化符號，其外形來自某種古老的拼貼技藝：「角似鹿，頭似駝，眼似兔，項似蛇，腹似蜃，鱗似魚，爪似鷹，掌似虎，耳似牛，口旁有鬚，頷下有明珠，喉下有逆鱗」的神獸，善變化、能興雲雨、有利於萬物，在中國古代又被視為帝王的象徵，有著至高無上的神聖地位。而在歐洲神話中，龍是一種巨大蜥蜴，長著翅膀，身上有鱗，拖著一條長長的尾巴，嘴裡能噴火，謂之「惡龍」。到了中世紀，歐洲的龍墮落為罪惡的象徵，有毒、能噴火，長著蝙蝠狀的大翅，腆著大肚，凶殘而狡詐。《聖經》故事中，魔鬼撒旦曾化成一條惡龍，它有七個頭，每個頭上都戴著王冠，用尾巴掃過三分之一的星辰。隨著基督教的傳播和歐洲人在世界範圍內的擴張，東、西方龍文化也出現意味深

《中華苗蔓花》封面，一九〇〇年

長的對話。

十七世紀中葉後，基爾學《中國圖說》開始在歐洲流行，細密銅版畫看似寫實，而內容卻來自想像，基爾學沒到過中國。書中有龍虎相爭圖，圖中的龍仍是歐洲翼龍的形象。

十八、十九世紀來華的歐洲使臣、傳教士及旅行家的文字及畫筆下，中國龍被賦予詭異形象。兩種不同文化的隔膜使龍出現形變，從圖像史的角度來看，有大量的「變異龍」出自外國人的描繪，成為龍的一個亞種——它不屬於任何一種龍文化，只是文化觀念碰撞的產物，存在於不為人所知的異度空間。

傳教士利瑪竇注意到龍在皇家的日常中扮演著重要角色，服飾、瓷器、家具、建築等物件上都有龍的圖案，皇帝的衣紋和寶座都裝飾著騰躍的龍。在手稿中，利瑪竇將龍寫成「Dragone」。一六一六年出版的利瑪竇《基督教遠征中國史》法文版中，這個詞被一律譯成「dragon」——在西方傳說中，這個名字指的是那種長有翅膀的噴火龍，是邪惡的象徵，這是龍與 dragon 的碰撞。

二

早在一七九三年來華的英國馬戛爾尼使團，也記下了零星的關於龍的印象。馬戛爾尼使團是歐洲人深入東方的一次「破冰」之旅，英國希望與大清達成貿易協定，卻遭到清帝國拒絕，一行人鎩羽而歸。即便如此，英國人卻藉此進入這個神祕的東方帝國，上至大使、副使，下至使團成員，幾乎都寫日記、紀行，數量極為可觀，可見西方人對東方的熱情。在他們眼中，由於文化背景的差異，當他們看到建築中的龍形紋飾時，龍的神性及莊重未能被他們感知到，只是覺得這些造型奇怪，缺乏實用性。馬戛爾尼在日記中這樣寫道：「唯一我看不順眼的東西是獅、虎、龍等大瓷像……對此我感到迷惑不解，只能說把這些怪物收集起來既花錢又困難，錢財多了，因此就促使他們盡量尋求浮華和奢侈的擺設，這是審美的敗筆。」跟隨馬戛爾尼使團出訪大清的巴羅（John Barrow）也在回憶錄寫道：「屋頂簷角上那些齜牙咧嘴、奇形怪狀的獅子、龍蛇，根本談不上什麼好風格、實用性或美感。」

因此，馬戛爾尼使團中的水彩畫家威廉·亞歷山大（William Alexander）畫到兩個清帝國士兵時，對他們手中所持的龍旗進行模糊處理，龍形圖案的輪廓朦朧不清，固然是為了突出人物的需要，也從某種角度暴露認知的盲區。畢竟，在畫家的角度看來，惡龍怎麼能做為旗幟呢？其中有一面旗幟上的龍，甚至被加上翅膀，與西方的龍極為接近。

而在希臘作家卡山札基（Nikos Kazantzakis）筆下，中國海域內的龍頭船驚悚可怖：「船頭的龍，黑色，橘色條紋，張口，像火一樣的舌頭伸出來。它紅紅的眼睛盯著帶泥的水，彷彿驅趕波濤裡的惡鬼。」無數次夢到的東方世界猝然呈現在眼前時，先令他吃了一驚。歸途中，卡山札基仍然心有餘悸，他在筆記本上寫下對中國的印象：「在孔夫子美好道德和安詳的面具後面，會飛出一條凶惡的、食肉的、身披綠鱗的龍。」這代表多數歐洲人對中國龍的印象，這種印象無疑是基於其自身的歐洲文化背景，先入為主的觀念難以撼動。

三

對東方帝國的美好想像，隨著清朝國力相對於西方的急劇衰落，慢慢變成輕蔑與嘲諷。直到歐洲人看破清帝國的虛弱，龍的繪像轉而出現濃重的諷刺意味，這個龐然大物已到了遲暮之年，徒有駭人的外表。西人繪製的漫畫中，多以龍指代清帝國，大腹便便的龍，被踩在地上的龍，還有被宰割的龍，聖喬治屠龍的歐洲傳統得以復活。中國龍往往伴隨著辮子、八字鬚、長指甲、朝珠補服等元素登場。一九〇〇年的法國明信片「龍被征服了」中，八國聯軍合力把龍吊到樹枝上，這正是那個時代中國命運的寫照。此外，龍還象徵著笨拙的暴力。明恩溥（Arthur Henderson Smith）《騷亂的中國》收入一幅關於義和團的漫畫，一隻雙頭的怪龍象徵義和團，正在朝洋人進攻，有個洋人還被龍吞進嘴裡。

四

對龍的誤解延續到當下，二〇一六年春節期間，西班牙馬德里市發布一款慶祝中國傳統春節的海報，海報中的龍有十六條短腿，頭部像獅子，撒旦式三角形尾巴。看整體造型，更像一隻巨大的毛毛蟲，這幅畫像的作者是藝術家胡安・卡洛斯・帕茲（Juan Carlos Paz）。

從西方人筆下的中國龍形象來看，不同文化之間溝通極具挑戰。時至今日，不論是西方了解中國，還是中國了解西方，仍是難題。

刑天氏的蹤跡

東晉詩人陶淵明在《讀山海經》中寫到刑天的勇猛：「刑天舞干戚，猛志固常在。」刑天是《山海經》的人物，《山海經・海外西經》載：「刑天與帝爭神，帝斷其首，葬之常羊之山，乃以乳為目，以

刑天，上海小校場年畫《新刻山海經全圖》

臍為口，操干戚以舞。」與黃帝的大戰中，刑天被砍了腦袋，仍然不死，失去頭顱後，他的雙乳變成眼睛，肚臍變為嘴，一手揮舞著斧子，另一手拿著盾牌，繼續作戰。

傳世的圖本《山海經》裡，刑天的形象有些駭人——它的軀幹正面變成人臉，腦袋和脖頸卻不見了，只有一個齊整的斷茬。它揮著斧子，左足著地，右足抬起，正躍躍欲試，彷彿要從紙面上跳脫出來。

刑天的故事是對死亡的超越，人死後精神卻不滅，反而愈發超拔與激越。刑天身後，它的故事並未消散，歷代都有和刑天有關的傳說，可看成是上古神話的餘絮。宋代類書《太平御覽》提到一種無首民：「無首民，乃與帝爭神，帝斬其首，敕之北野，以乳為目，臍為口。去玉門三萬里。」原來，刑天被黃帝斬首後，衍生出一個部族，整個部族都是無首之人，被流放到玉門關外三萬里，那次大戰中，他們失去逐鹿中原的機會，被新的王權體系貶斥到蠻荒之地。無首民皆是刑天的後代，時過境遷後，他們似乎忘記仇恨，按自己的方式，在不為人知的地帶祕密生活。

刑天一族遭流放後，中土偶爾還有刑天氏的近親出沒。《太平御覽》提到漢武帝時的豫章太守賈雍出境討賊，結果被賊砍掉腦袋，成為無頭人。回到軍營後，士兵都來看賈雍，他胸中發聲說道：「戰不利，為賊所傷，諸君視有頭佳乎，無頭佳乎？」眾將哭著說：「有頭佳。」賈雍卻說：「不然，無頭亦佳。」說完，賈雍就倒地而死。明人徐應秋《談薈》也有一則無頭人的故事：有一個人上戰場，被敵人砍去腦袋。戰爭結束後，同營戰士發現他還活著，手能拿東西，雙腿能走路。後來回到故鄉，平時還能織草編履，妻子每天把飲食從其喉管中灌入，他餓了則書一「饑」字，不食則書一「飽」字，如此二十年後才死。不難發現，這兩則故事皆出自戰場，在作戰中失去頭顱，與刑天的遭遇何其相似。

清代袁枚《子不語》提到一個海外的「刑天國」，似可與「無首民」遙相呼應。據袁枚稱，這是溫州府的海商王謙光所講述的親身經歷。王謙光出海經商，曾漂到一座海島，島上男女千餘人，「皆肥短無頭，以兩乳作眼，閃閃欲動，以臍作口，取食物至前，吸而啖之，聲啾啾不可辨」。這些無首人看到王謙光有頭，都爭相用舌頭舔他，王謙光大驚，趕忙奔到山頂，和他的同伴們一起扔石頭驅趕無首人，終於把這些怪物驅散。後來有博物君子對王謙光說：「此《山海經》所載刑天氏也。」清代航海技術的發展，開拓了新的地理空間，當新空間開啟之際，未知之地充斥著奇人異事，於是，上古的刑天氏被搬到海外，算是有了一支孑遺。

無頭族（Blemmyes）

更為遙遠的歐洲也有無首人的傳說，古希臘作家希羅多德（Herodotus）在《歷史》中提到，無頭人阿克發洛伊（Akephaloi）與犬頭人賽諾瑟發利（Cynocephali）住在古利比亞的東邊。亞歷山大遠征到印度時，曾經遇到幾個金色的無首人，便抓了一些帶回去展覽。也有人認為亞歷山大遇到的無首人，只不過是穿了大號盔甲的異族人，其盔甲肥大，遮住了頭部，而胸口又有眼和嘴的紋樣，乍看上去像是無頭一樣。

歐洲中世紀抄本當中，無頭人的形象屢見不鮮，這一時期的無首人繪像大致有兩類，一類是眼睛長在胸脯上，另外一類的眼睛長在肩膀上。歐洲人對於未開發的遙遠地域懷著恐懼和敵意的想像，將無頭人棄置在蠻荒之地。在刑天的問題上，中國和歐洲有了奇異的對稱。

麒麟從海上來

一

明永樂十二年（一四一四年）九月二十日的南京，永樂帝率文武百官出奉天門，早有一頭怪獸等在承天門外。由西洋渡海歸來的鄭和，從麻林國得到一頭名叫「基林」的怪獸，外形似鹿，頭生肉角，不鳴也不叫，站在地上東張西望。為防其逃跑，早已套上籠頭，轠繩由人牽引。

這頭怪獸與中國典籍中記載的麒麟極為相似，當時的人們認為它便是麒麟，舉國震動，臣民圍觀者如堵，各自歡喜讚嘆不止。熱鬧場景正如沈度的頌詩所描述的「臣民集觀，欣喜倍萬」。有詩讚曰：「西南之諏，大海之滸，實生麒麟，身高五丈，麋身馬蹄，肉角黦黦，文采焜耀，紅雲紫霧，趾不踐物，遊必擇土，舒舒徐徐，動循矩度，聆其和鳴，音協鐘呂，仁哉茲獸，曠古一遇，照其神靈，登於天府。」

在百姓的團團包圍之中，這頭麒麟聳著長脖子和麟首，早已越過眾人的頭頂，兩隻肉角嵌入帝國天空——身高可達六公尺，時至今日，仍是地球上最高的動物。《明史·外國傳》提到這頭神獸的外貌：「麒麟前足高六尺，頸長丈六尺有二，短角，牛尾，鹿身。」在當時的人們看來，無異於神蹟。百姓的歡呼聲迭起，幸福的光輝將他們籠罩，而那頭瑞獸受到驚嚇，想要拔蹄狂奔，卻被轡繩拽住，原地踏著蹄子，觸地之處，塵埃升騰。

麒麟，《瑞應麒麟圖》（明）

二

永樂十二年的這場瑞獸觀摩儀式，背後有著更為久遠的典籍做為支撐。麒麟的原型出現在春秋時期，據說孔子降生時，有麒麟出現，口中吐出玉書。到漢代董仲舒提出「天人感應」之說，認為君王的作為與上天相關，上天雖不像人一樣會說話，但上天的意志可透過某種「祥瑞」或「災異」的現象顯現出來。在董仲舒看來，如果君主政治清明、社會太平，上天就會降下麒麟、白鹿、嘉禾、醴泉、甘露等祥瑞之物以資表揚。如果君主昏庸，不行德政，就會激起上天的震怒，出現各種災異現象，例如水旱災、火災、地震、日食等，以示對君主的警告和懲罰。這些觀念流布甚廣，一直在帝國政治話語中發揮作用。篤信這一體系的帝國君主，時刻尋找祥瑞，地方官見到異樣的動物、植物，就會當作祥瑞，送到京城去，皇帝一高興，就會給獻瑞的官員更高的官職。

上有所好，下必趨之。鄭和的船隊一度抵達非洲東部，帶回殊方異域的珍寶和異獸。這真是古來未有的奇遇。他們發現長頸鹿的外觀與中國古籍中描述的麒麟太過吻合，當地的索馬利語稱之為「基林」（Giri），發音與麒麟非常相近，只是脖子稍嫌長了些，但

麒麟，《山海百靈圖》（明）

這可以忽略不計。最有說服力的是長頸鹿頭上的肉角，在歷代道德家的眼中，肉角也是麒麟的一種美德，所謂「設武備而不為害」，更使鄭和相信古人所言不虛。隨鄭和船隊出航的馬歡在《瀛涯勝覽》中記下所見的麒麟：「麒麟，前二足高九尺餘，後兩足約高六尺，頭抬頸長一丈六尺，首昂後低，人莫能騎。頭上有兩肉角，在耳邊。牛尾鹿身，蹄有三跲，匾口。食粟、豆、麵餅。」不難看出，所謂的麒麟即長頸鹿。

據說鄭和帶回兩頭長頸鹿，其中有一頭受到驚嚇，死在船上。除了長頸鹿，還有斑馬、獅子、直角羚羊等異獸，有一艘船成為海上漂浮的動物園。外來動物踏上中土，促成了永樂朝的博物學大爆炸。

三

鄭和的西洋之旅中，這只是一段小小的插曲，有著幾萬里阻隔的西洋，居然能找到神話中的對應之物。從東非到幾萬里之遙的南京，空間驟然轉換在鄭和船隊的技術支援下得以實現，在明代確是奇蹟，這恐怕是最早的全球化。長頸鹿在麻林國本是常見的動物，十萬里之遙的麻林國，遙遠得似乎不存在。偶然的一次時空交接，卻意外撞進古老帝國的神獸譜系。

最為興奮的當然還是永樂帝朱棣，在祕傳的典籍中，只有聖王治世，麒麟才會出現，這頭來自海外的麒麟，正可為其統治披上神聖的光環。他命人畫《瑞應麒麟圖》，這是影響深遠的一幅畫像，未能親見麒麟的人，只能寄望於見一下這幅圖。好奇心的驅使之下，後世出現多種摹本，可見其受歡迎程度之深。

明人謝肇淛《五雜俎》提到《瑞應麒麟圖》的流傳：「永樂中曾獲麟，命工圖畫，傳賜大臣。余嘗於一故家見之，其全身似鹿，但頸特長，可三、四尺耳。」麒麟圖像賜給百官，在豪門世家祕密流傳，其中有的畫像得以保留至今。傳世的幾種摹本雖有著細微的差異，但仍可一眼看出，雄踞於畫卷中的正是一頭長頸鹿。牠的脖頸幾乎占去畫面的一半，而身上的花紋，有的繪本是鋸齒狀，有的則是六邊形。通靈的神獸雖難以捉摸，但其紋樣卻有著幾何圖形的精準，畫師在初見神獸時茫然不知所措，超出了經驗範疇，終於，畫師在鋸齒或格子的花紋中找到自信。

據《明史》載，永樂十二年的獻瑞之後，麻林國和榜葛剌國又各有過一次進貢麒麟的紀錄，見到傳說中的神獸後，長頸鹿的形象與神話產生互滲。近年來在南京出土的徐達五世孫徐俌夫婦墓中，陪葬官服上的麒麟補子，居然是一隻伏在地上的長頸鹿。明刊本《異域圖說》中出現的麒麟，也做長頸鹿狀。日本畫家桂川國瑞的《麒麟圖》，在今天看來都是長頸鹿。甚至在日語中，長頸鹿和麒麟至今還是同一個詞，凡此種種，皆是長頸鹿來華事件的餘波。

食夢貘：我們夢中相見

小泉八雲《怪談》提到的食夢貘是一頭食夢怪獸，它在夜晚出現，吃掉人們的噩夢。小泉八雲寫道：「它本領殊奇，能噬食人的夢。」原本無形的夢境被一頭來路不明的神獸吸食。小泉八雲認為令人驚怖的噩夢，卻是貘最喜歡的食物，因為有了貘，人們的睡夢才格外安穩。噩夢消弭於無形，順便將噩運一併帶走。又有日本古諺說：「夜之暫，貘尚不及食夢。」貘始終與夜晚聯繫在一起，它屬於黑夜。

貘是想像中的動物，清代學者郝懿行認為《山海經》的猛豹即是貘，生活在西元三世紀的博物學家郭璞注《山海經》時認為猛豹「似熊而小，毛淺，有光澤，能食蛇，食銅鐵，出蜀中」。《爾雅》也出現貘的詞條：「貘，白豹。」博物學家郭璞再次出現在注解中，他這樣描述貘：「似熊，小頭庳腳，黑白駮，能舐食銅鐵及竹節。」從他的描述中，有人認為貘是四川的大熊貓。

▶ 貘，葛飾北齋《北齋漫畫》（日）

◀ 貘，《山海百靈圖》（明）

但貘是實有的動物，與馬和犀牛是近親，是奇蹄目哺乳動物，腰部和背部白，頭及四肢黑，也是黑白駁雜，長著大象一樣的鼻子，但比象鼻短，看上去只有半截，鼻子還可自由伸縮。如今貘已是瀕臨滅絕的動物，只有少量分布於東南亞和南美洲。貘是食草動物，喜歡生活在密林沼澤，曾在華南一帶出沒，後因氣候變動，只適宜溼熱環境的貘在中國絕跡。如今生活在東南亞的馬來貘，是中華貘的近親，二者極為相似，可從馬來貘身上看到傳說中的異獸。

從出土文物中可看到貘的蹤跡，湖北石家河文化遺址中出土陶貘，河南安陽曾發現商代的貘骨，周代青銅器中常見貘尊，漢畫像中亦有貘拖著長鼻出沒的身影，這些貘的形象較為寫實，憨態可掬。當時的南方叢林密布，多有沼澤，貘獸出沒其間，喜歡吃汁液豐富的野草，吃飽便在泥中打滾。那時的貘還是一種常見的動物，《後漢書．哀牢夷傳》即提到當地出產貘獸。司馬相如〈上林賦〉中也有「其獸則獼旄貘犛，沈牛麈麋」的句子，當時的物種豐富程度，卻是如今難以想像的。

後來貘日漸稀少，人們將其神化，博物學家樂於談及異獸，這是學問淵博的象徵，正所謂「博物之君子，其可不惑焉」。唐人段成式《酉陽雜俎》稱其為貊澤，它的油膏腐蝕性極強，放在銅器或鐵器中都會蝕透。這一古怪的屬性，或許是源自貘能食鐵的古老傳說，愈傳愈奇。

唐代詩人白居易曾患有頭痛症，他請畫師在小屏風上畫貘，睡覺時以屏風環繞頭部，症狀得以減輕。並專門寫了一篇〈貘屏贊〉，提到貘的來歷：「貘者，象鼻犀目，牛尾虎足，生於南方山谷中。寢其毗辟瘟，圖其形辟邪。予舊病頭風，每寢息，常以小屏衛其首。」白居易用貘屏驅病，可見時人是將貘當作瑞獸，具有辟邪辟瘟的奇效。唐太宗曾賜長孫無忌等重臣貘皮，被看成是極為貴重的賞賜。

貘的形象傳到日本，由辟邪之功用轉而成為食夢獸。古代日本人認為噩夢即是風邪所致，便在枕頭上繪製描金的貘。其實《新唐書．五行志》中已有枕上繪製獸形的風俗：「韋後妹七姨嫁將軍馮太河，為豹頭枕以辟邪，白澤枕以避魅。」或許認為此處的白澤即是段成式所提到的貊澤，想像中的神獸，在概念上發生互滲，這處記載算是貘能食夢的一點端倪。

由食鐵到食夢是至堅之物到至柔的衍化，或許正是貘食鐵的無往不利，才能在噩夢面前一顯身手，以天下之至堅，馳騁於天下之至柔，神獸多有這般極端的品質。在日本，漢文古籍的傳入，使貘的形象呈現碎片化的屬性，重新拼貼後，終成食夢獸。豐臣秀吉曾命人在枕頭上畫貘，又用貘皮做褥子，以驅逐邪氣。日本浮世繪大師葛飾北齋的筆下，貘是個毛絨絨的長鼻獸，似乎更具犬科動物的特徵，招搖的長鼻只有短促的一隻，卻與世間紛紜的夢境對應。

月圓之夜，貘從密林中走出，來到人類的居所。身手敏捷，徹夜奔走在簷角之上，落足時毫無聲息。更多時候，貘介於實有和虛幻之間，有人在夢中看到貘拖著毛茸茸的尾巴閃過，那時的貘剛好吃完一個噩夢。

貘的長鼻正是吸食噩夢的工具，用長鼻指向室內熟睡之人，即可感知其噩夢，夢的跡象初現，便被吸走。同樣的，貘還能把吃掉的夢重現出來，貘的身軀同時充當著夢的容器，只是時間不可過久，否則夢就會被消化。

許多年後，在一個夏天的夜晚，小泉八雲曾於半夢半醒之中看到貘「在月光的照耀之下，宛如一隻大貓，輕盈躍上房頂，一棟又一棟，悄無聲息地騰挪，飛掠而去」。

姑獲鳥之夜

西元三世紀的某個夜晚，烏雲遮蔽天空，星月隱匿，當此之際，有惡鳥鳴叫，如女子哭泣，在夜空中呼嘯而來，隨即遠去。惡鳥的巨翅平伸，劃過夜空時，留下暗淡的投影。博物學家郭璞正在桌案旁，他聽到惡鳥的號叫，以及雙翼扇動時引發的轟鳴。他在《玄中記》加上一條：「姑獲鳥夜飛晝藏，蓋鬼神類。衣毛為飛鳥，脫毛為女人。一名天帝少女，一名夜行遊女。」

按照郭璞的描述，這種惡鳥叫姑獲鳥，是產婦死後所化，喜歡奪取別人家的小孩做自己的養子。人們夜間不敢讓孩子外出，孩子的衣物也不可在夜間晾晒，否則姑獲鳥會把血滴在孩子的衣物上做為記號；凡衣物被滴中的孩子，不久即會失蹤，姑獲鳥真是害人不淺。

另一位博物學家李時珍《本草綱目》也提到姑獲鳥：「此鳥純雌無雄，七、八月夜飛，害人尤毒也。」另據段成式《酉陽雜俎》載，姑獲鳥「衣毛為飛鳥，脫毛為婦人」，它飛翔在古代的天空，偶爾會脫去羽毛，變幻成人形，混跡於世間。

曾有一男子在田間見到六、七個女子，便暗暗趨近，藏起她們脫下的一件羽毛衣，結果眾女子察覺，各自穿上羽衣，變成大鳥，沖天飛去。只有一個女子找不到衣服，待在原地，男子便娶她為妻，後來生下三個女兒。這隻姑獲鳥嫁為人婦，仍念念不忘回到自己的世界。在她的唆使下，女兒在父親那裡探聽出羽衣的下落，原來就藏在稻草堆下。她找出羽衣，穿上即變成大鳥飛走了。幾天後，它又飛回來，帶來三件羽衣，命三個女兒穿上，母女四人一起飛走，從此以後，再也沒有人見過它們。這則掌故仍是郭璞《玄中記》所載，姑獲鳥皆是女性，沒有雄性，從這個故事當中，或許可以窺見它們繁衍的方式，就是與人結合，生的皆是女兒，隨後都變成姑獲鳥。

姑獲鳥又稱九頭鳥，周密《齊東野語》說姑獲鳥有九頭十八翼，飛行時，姑獲鳥的十八翼不那麼靈活，「當飛時十八翼霍霍競進，不相為用，至有爭拗折傷者」，十八隻翅膀互相碰撞，甚至因而折斷，足見其笨拙。更為難得的是，如此笨拙還要出來害人。除了拐走兒童，姑獲鳥還能收人魂魄，人們聽到它的聲帶在夜空中振盪，立刻關門閉戶，不敢作聲。黑暗中滋生精怪，而中古時代的夜晚總是漫長，姑獲鳥成為揮之不去的魅影。

姑獲鳥的原型可以上追至古楚國的古老神話，有諺語說：「天上九頭鳥，地上湖北佬。」道出楚地九頭鳥的淵源。屈原〈天問〉中有「女岐無合，夫焉取九子？」王逸注：「女岐，神女，無夫而生九子也。」這是古代楚國關於神女女岐的傳說，是個半人半鳥的神女。《山海經．大荒北經》中亦載：「大荒之中，有山名北極天櫃，海水北住焉。有神九首，人面鳥身，名曰九鳳。」九鳳本是神鳥，到漢代時，隨著楚地信仰衰落，九鳳的神格也有了衰變，逐漸沾染邪氣，成為惡鳥。

日本也有姑獲鳥的蹤跡，寺島良安編著《和漢三才圖會》多取中國古代掌故，其中有一幅姑獲鳥的圖像，但看上去只是一隻胖墩墩的鳥，並無多少妖氣可言。日本畫家鳥山石燕作《畫圖百鬼夜行》，姑獲鳥就變成妖女形象，在夜裡偷取嬰兒，抱著嬰兒在長夜裡行走，七天後，嬰兒就會被它吃掉，然後再去偷，如此往復不斷。日本當代作家京極夏彥有長篇小說《姑獲鳥之夏》，將姑獲鳥的故事移植到現代，由此衍生的漫畫及遊戲，使人們重新認識姑獲鳥。

值得一提的是，金庸武俠小說《天龍八部》中的葉二娘，即是按照姑獲鳥的模式來描寫。葉二娘是「四大惡人」之一，她搶別人的孩子來玩，玩完再弄死，「使似常人在菜市

姑獲鳥，李冠光賢《怪物畫本》（日），一八八三年

九鳳，彩印本《山海經圖》（清）

購買雞鴨魚羊、揀精揀肥一般」，讀來令人不寒而慄。年輕時的葉二娘溫柔賢淑，但兒子被人搶走，尋覓不得，卻因想念兒子而發狂疾，進而擄掠別人家的孩子玩，似可看成是某種精神病理上的特殊樣本。實際上，金庸是將姑獲鳥的妖異秉性放在葉二娘身上，這才成為綽號「無惡不作」的女惡人。

昔日煌煌熠熠的神明，後來也變為妖孽。這其間的變化，不是神墮落，而是人心遷移，神明精怪本就是心念的投射，姑獲鳥也可看成是人們心中的惡念所化。

海怪出沒

一

十六世紀，去往斯堪地那維亞半島的航船上，一名水手在搖晃的船頭打開一張航海圖，不由得緊鎖雙眉，船頭的方向是一片臭名遠揚的海域。這裡漩渦湧動，海怪密布，那些鱗鬣翕張的海中怪獸噴吐著火焰，還有的亮出白光閃爍的獠牙。他不得不懸著心，小心翼翼地穿過這片死亡之海。

地圖上出現海怪，並非繪圖者閒極無聊。強納森・史威夫特（Jonathan Swift）認為「地理學家們用野蠻的圖案來填充其空白區域」，怪物在地圖上充當著警示牌的作用，那些鋸齒獠牙似乎在對水手們說：「當心，此處難以通行。」除了警示意義外，這是當時的博物學所能抵達的極致，海中的猛獸乍看陌生，細看則不乏鯨魚、海豹、海象、章魚等實有動物的影子。當時人們還難以知悉海洋動物的細部，只能遠遠觀望。海上風浪波濤變幻，龐然大物在水中忽隱忽現，僅憑一鱗半爪的方寸角落推演出全身，難免謬以千里。在水手們的口頭傳聞當中，海怪有著劇烈的形變，陸地上的猛獸、神話中的凶獸都成為塑造海怪的靈感來源。拼貼而成的不明生物，略接近於中國古書《山海經》的怪獸，東、西方的奇幻動物有了奇異的對稱。古老的鱗片、血舌、犄角、爪牙、毛皮，這些元素都已撕裂，期待著進入新的組合。

直到奧勞斯．馬格努斯（Olaus Magnus）出現，才將這些海怪傳聞加以整理，並以圖像的形式在紙面上賦予其形體。馬格努斯生於瑞典，是一名神甫（神父），同時也是地理學家和博物學家。他對前人所繪的地圖不滿意，發願繪製更加精確的地圖，過程耗去十二年時光，畢其一生都在為一幅地圖的繪製費盡心思。做為一名業餘的地圖學家，他的堅持或許是來自對斯堪地那維亞半島的追憶，這裡是他的故鄉，而文藝復興時期的學者們多少都帶有一些百科全書式熱忱，馬格努斯也不例外，築造恢巨集的體系需要窮盡一生精力。

一五三九年，馬格努斯《海圖》正式刊行。這幅地圖的寬度近一百五十公分，由九個版畫模組拼接而成。之所以採用如此大的尺寸，是因為他想把斯堪地那維亞半島的細部盡數呈現出來。在海洋和陸地之間，可以看到無數彩色版畫的圖案，動物、植物、人、馬車和航船，不厭其煩地描繪，傳達的資訊已經遠遠超出一幅地圖的承載能力，這能看出馬格努斯的野心——外部世界的豐富，正是他想要捕捉的。他在製圖方面的才華大放光彩，每個細微局部都成為相對獨立的場域，圖案的頻繁出現，並非可有可無的點綴，而是世界的縮影，可照見世間的全部祕密。

值得注意的是《海圖》的西部，海怪張牙舞爪，足以使人們忽略東部的土地。長久凝視著這片妖氣四溢的海域，彷彿會被攝入這個折疊的空間，這是視覺的魔力。

二

對神祕動物的不倦研究與書寫，以系統的方式來培植對神祕動物的想像，是神祕博物學的題中之義。經科學理性的祛魅，神祕動物已然凋零殆盡。然而，人類認識外部世界的衝動值得珍視，海怪的藝術形象也愈來愈受到人們喜愛。做為文化意義上的海怪，早已獲得長久的生命。

那正是海中大物橫行的年代，巨鯨在海中露出脊背，擱淺在海濱的鯨也向人們展示著偉岸的身軀；大王烏賊露出強而有力的腕足，在海面上搖擺，被誤認成大海蛇；嗜血的鯊魚給水手們帶來噩夢般的個體經歷。鯨的龐大身軀是最為直觀的海怪形象，馬格努斯注意到，鯨是哺乳動物，甚至在《海圖》中描繪幼鯨吃奶的景象，這種認知極為準確。但鯨的外形卻又離題萬里——看上去更像犀牛之類的陸地怪獸，有著堅實的鎧甲，還有兩隻鋒利的前爪；頭頂的氣孔中噴出兩股水柱，水柱升到一定高度後，就朝前折落，在空中劃出一道水的拱門；水正源源不斷地從鯨的頭頂湧出來，儼然是身體的一部分，噴水的動作彷彿永遠不會止歇。

《海圖》中的鯨有很多變體，海中巨蟒利維坦（Leviathan）熱衷於綁架船隻，它在地圖上出現時，正用全身之力纏繞一艘海船，海船面臨崩塌的危險，船上的水手正奔逃著避開血盆大口。利維坦的身長也是來自對鯨的觀察，最大的藍鯨身長可達三十餘公尺，只有廣闊的海洋和豐富的魚蝦才能養活這種巨獸。島鯨的身體更是一個謎，很少有人看過它的真面目，因為它太大，遠遠看上去像一座海島，附著在身上的藤壺和牡蠣使它的外觀接近於石質。水手在島上泊船，貿然走上海島，生火做飯。火燃起時，島鯨感到灼痛，沉入海中，水手們因此喪生海底。無獨有偶，製造渦流的怪物普里斯特（Pristes）則如參天巨塔，身似馬，頭似龍，從高處噴水滂沱，致使船舶沉沒。顯然，頭頂噴水的特徵暴露它的身分，這也是鯨的一種。鴞面鯨的臉像貓頭鷹，陰森而詭異，它把頭扭過來，面部朝向觀眾，投來意味深長的一瞥。

除此以外，還有一批海怪是以陸地動物為原型。吞噬巨型龍蝦的海犀牛，是仿照犀牛的形態，就連頭上的獨角也與犀牛相似。所不同者，該獸的下半身是魚尾，這種不協調的比例充滿奇趣。海豬更像是一頭野豬的變形，有獠牙向上，身上帶有幾隻眼睛，身後也是魚尾，腳趾之間還有連蹼，或許是考慮到划水的需要。這種想像又合乎邏輯，可以窺見作者有心創立一個自洽的系統，使之自圓其說。在一處平靜的海面，海牛露出頭，這是一頭黃牛的形狀，下半身浸泡在水中，不知是不是魚尾，這種缺省的效果似乎更勝過直露——在看不見的海水之下，這頭怪獸正在用不為人知的推進系統緩緩前行，除了頭部，它的形狀至今仍是個謎。

這些海中怪獸預示著海上行旅的艱辛與困頓，在久遠的年代，它們就已經在海上橫行，和海一樣古老。水手們的噩夢還在繼續，古老的恐懼如影隨形。

三

《海圖》的文字標注上，馬格努斯曾許諾要做一部書，用來闡發《海圖》中各類海怪的深意，著書的過程又用去十六年，這部書就是《北方民族簡史》。這部百科全書式著作中，北歐各民族的歷史文化無所不包，可以想見，在他的內心深處，《海圖》是一個立體的折疊空間，其中隱藏的資訊遠非一張地圖所能傳達，恰恰需要耐心去做卷帙浩繁的案頭功課，來為《海圖》做注解。

《北方民族簡史》有專門章節對《海圖》的海怪加以闡釋，講述它們的來龍去脈，在猙獰的海怪圖像背後，又有相應的文本支撐，馬格努斯的海怪能夠傳世，文字注解的功勞不容小覷。與《海圖》稍有區別的是，《北方民族簡史》化整為零，海怪的形象改為單幅的黑白版畫，逐個出現在書頁之間，海怪們都有了名字和來歷。

《海圖》刊行後，翻刻和仿製不斷，畢竟這是一份空前準確的北歐地圖，出版商安東尼奧．拉弗雷利（Antonio Lafreri）在一五七二年刊行尺寸更小的版本，用起來更加方便。歐洲後來的博物志版畫或手繪稿中的海怪，都從《海圖》中得到啟發，或直接挪用，或加以發揮，最終繁衍為枝葉葳蕤的海怪家族。不久，由《海圖》又催生出新的圖像，德國學者塞巴斯丁・繆斯特（Sebastian Münster）的彩色版畫《海陸怪物》幾乎照搬馬格努斯的海怪形象。來自佛蘭蒙的地圖學家亞伯拉罕・奧特柳斯（Abraham Ortelius）作《冰島地圖》，也從馬格努斯的《海圖》中尋到靈感，將許多海怪原樣搬運過來。可以說，這三張圖是文藝復興時期最為耀眼的海怪圖。只需稍加留意，就會發現它們有著相似基因，而馬格努斯就是引發海怪大爆炸的「第一推動」。

康拉德・格斯納（Conrad Gessner）的巨著《動物史》中，海怪的圖像以更為精細的版畫形式被摹寫下來。當然，格斯納也有幾分狡獪，在他的內心深處，或許對馬格努斯的海怪還有一絲懷疑。他一再聲稱某個海怪形象來自馬格努斯的《海圖》，即使出現錯誤，責任也在馬格努斯，而不在於他本人。荷蘭博物學家阿德里安・柯南（Adriaen Coenen）也在巨著《魚鑑》中收入馬格努斯的海怪，並將其納入自己的體系。

這些後來者們同樣對未知世界保有好奇心和孜孜不倦的求知欲，終促成新物種的紙上繁衍，海怪家族得以開枝散葉。

O
Pistrum siue
Phiset
K
Monstrum.1537.uisum.
TILE
Hec Insula habet 30. millia
popul. & amplius
Hec habitat Dous.
Insularum
L
BALENA
ORCA
M
N
IONA

《海圖》局部一

《海圖》局部二

四

與歐洲地圖不同的是，中國地圖上很少出現海怪，目力所及，僅北宋宣和年間刊刻的《九域守令圖》出現過一匹海馬，它的肩頭跳躍著火焰，在南中國海面上踏波而行。直到一五八一年，義大利傳教士利瑪竇來華，幾年後獲得萬曆帝召見，後作《坤輿萬國全圖》進獻。這幅彩色世界地圖讓當時的中國人感到很新鮮，地圖中繪製海陸動物頗多，海上畫有鯨魚、鯊魚、海獅等，依稀讓我們看到來自《海圖》的古老傳統；尤其是噴水的鯨，與《海圖》如出一轍。《坤輿萬國全圖》出現的海怪，滿足了皇帝對海外世界的獵奇之心，這應算是歐洲海怪首次來到中國。

隨後，比利時傳教士南懷仁於清朝康熙年間來華，其《坤輿圖說》載：「海族不可勝窮，自鱗介外，凡陸地走獸，海中多有相似者。魚族一名把勒亞，身長數十丈，首有二大孔，噴水上出，勢若懸河，見海舶則昂首注水舶中，頃刻水滿舶沉，遇之者以盛酒鉅木罌投擲，連吞數罌，俯首而逝。」此處的把勒亞魚與馬格努斯的《海圖》有著承續關係；而向鯨扔酒桶，把鯨灌醉，也同樣是出現在《海圖》的場景。

清代宮廷所藏的繪畫作品中還有更多例證，舊藏《海怪圖記》中出現怪魚海獸共計三十二種，該本未題作者，似應是康熙朝來華的傳教士所作，色彩豔麗的西洋怪魚和海獸，多數參照格斯納的《動物史》，其中海犀牛和巨鰩也源自馬格努斯《海圖》。另一份舊藏《海錯圖》是中國古代罕見的海洋動物圖集，是清代畫家聶璜彙集一生精力之作，從某種意義來說，這位來自杭州的畫家儼然邁進生物學的門徑。聶璜《海錯圖》繪製海洋動物三百餘種，多數是根據實物寫生；但囿於條件，有些動物難以親見，例如鯨，聶璜將其命名為井魚，認為這種魚的頭頂有噴水的井。繪製過程中，聶璜參考義大利傳教士艾儒略（Giulio Alenio）的《西方答問》。他在〈井魚圖〉上用小楷寫道：「《西方答問》內載：西海內一種大魚，頭有兩角而虛其中，噴水入舟，舟幾沉，說者曰：『此魚嗜酒嗜油，或拋酒油數桶，則戀之而舍舟也。』」與此同時，聶璜還參照來自西洋的畫譜：「今考《西洋怪魚圖》，內有是狀，特摹臨之，以資辯論。」《西洋怪魚圖》不知是何人所作，似是明、清之際傳教士帶來的繪本。機緣湊巧，東、西方的海怪交流又有一次祕密對接，可見《海圖》的傳統何等強大。

馬格努斯也許不會想到他的海怪會漂洋過海來到遙遠的中國。有時候，圖像比人走得

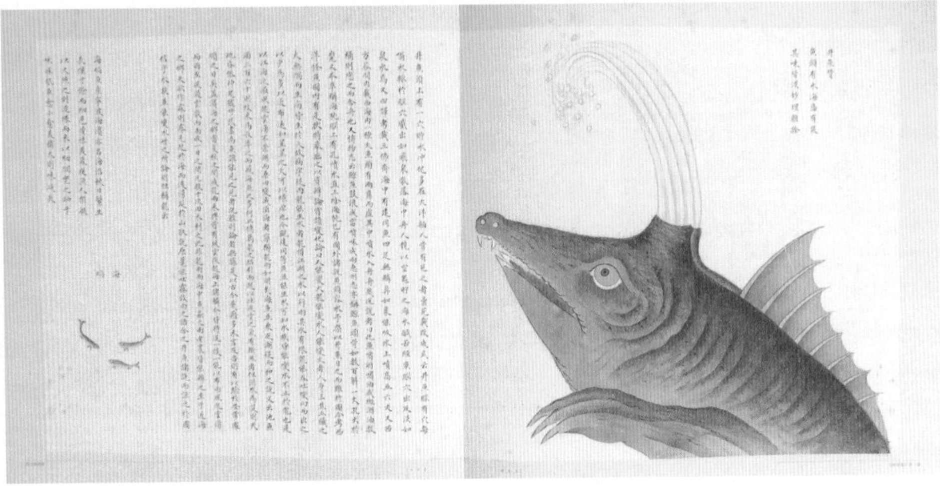

《海錯圖》井魚

還要遠，時間和空間的阻隔不復存在。可見，馬格努斯心念所繫的，確實是足以令他不朽的事業。

此後世界日新，那些神祕地帶都已經被探知，每個角落都填滿精準的資料，從手機上打開電子地圖，數位構成的扁平世界裡，處處都有精準的定位，可以任意縮放布置。海怪占據地圖的時代，已經一去不復返。

飛機、火車與輪船

一

最早有關飛行器的記載，當屬《山海經》的奇肱國：「奇肱之國在其北，其人一臂三目，有陰有陽，乘文馬。」郭璞注：「其人善為機巧，以取百禽，能作飛車，從風遠行。」這是一個神奇的部族，長著三隻眼，只有一條手臂，而且極為機巧，善於製造飛車，乘風遠行。另據張華《博物志》載，奇肱國在玉門關外四萬里，商湯時，奇肱國人駕著飛車飛到豫州境內，飛車被商部落的首領湯毀壞，並且封鎖消息，祕不示人。十年後，奇肱國人另造一車，正逢東風起，便乘風回到奇肱國。

如今看來，奇肱國人的相貌更接近外星生命，他們所操控的飛車，不像是商湯時代的技術，或許是一種超越當時人們認知的飛行器。做為天外來客的奇肱國，飛車被當地人毀壞，後來得以逃脫。這更像是一個「不明飛行物」的「第三類接觸」事件，只不過被歸為神話；一臂三目的外星人，被理解為來自海外方國，杳不可及的神祕國度。

奇肱國的飛車指引後人的飛天夢，美國火箭學家赫伯特・齊姆（Herbert Zim）在《火箭和噴氣發動機》提道：「約當十四世紀之末，有一位中國的官吏官職叫做萬戶，他在一把座椅背後，裝上四十七枚當時能買到的最大火箭。他把自己捆綁在椅子前邊，兩隻手各拿一個大風箏。然後叫他的手下同時點燃四十七枚大火箭，其目的是想借火箭向上推進的力量，加上風箏上升的力量飛向上方。他的目標是月亮。」

據說這個飛天的勇士即是明代初年的萬戶陶成道，當他飛到半空時，火藥爆炸，他因此遇難，據說這是世界歷史上第一個用火箭動力飛天的人。一九〇九年的一幅美國插畫中，有萬戶的飛行器圖樣，兩隻碩大的風箏充當翅膀的角色，而他背後的一捆火箭，即通常意義上的煙火，則顯現出他想要疾速飛入藍天的迫切心情，與奇肱國的飛車有頗多相似之處。

奇肱國的飛車見之於圖像，皆作車形，帶有車輪的方形車廂，外加一對翅膀，這是當時人能想到的飛車形制，給後來者提供一種古老的參照系。到了晚清，人們隱約聽到歐美有人製成飛行器，便認為他們是奇肱國的後人。清末《點石齋畫報》中可以看到各式來自西洋的飛行器，有的做飛船狀，有的做飛車狀，因為沒有實物或照片參照，畫師們只得按照自己的想像，於是飛車的形狀一時怪奇百出。

例如《點石齋畫報》中的《妙製飛車》一圖是報導法國的飛行器，儼然一車篷，外置飛輪；開篇即說：「西人性最機巧，其術藝每多靈妙絕倫，近如火輪船、火輪車等，幾已無足為奇矣，去年有某西人創為天上行舟之舉，聞者已嘆得未曾有。」《御風行舟》一圖則繪一船，船體有四隻翅膀，像飛鳥一樣，「或上或下，運動自如」。這些圖像的作者無一能繪成飛機的真形，多做鳥形，更像是碩大的風箏，這是晚清對西方科技的理解。雖然如此，畫師們還是表達對飛行器的欣羨：《點石齋畫報》最重要的繪者吳友如曾繪《天上行舟》，並說「余樂得而觀其成」。

晚清的楊柳青年畫中有一幅《飛艇圖》，頗能接近飛機的真實狀況——地上有衣冠士女舉目觀望，飛機掠過天空；在機翼之下是古國的酒旗、寶塔、村舍、河流，以及河岸新綠的垂柳。新舊世界的對比在這幅年畫中如此強烈地迸發出來。飛艇轟鳴著，把古國甩在身後。

飛艇圖，楊柳青年畫

二

一八六五年，有英國人在北京做蒸汽機車實驗，在當時是新鮮事物。李岳瑞《春冰室野乘記》載：「同治四年（一八六五年）七月，英人杜蘭德以小鐵路一條，長可里許，敷於京師永定門外平地，以小汽車駛其上，迅疾如飛。京師人詫所未聞，駭為妖物，舉國若狂，幾至大變。旋經步軍統領衙門飭令拆卸，群疑始息。」

這段一里多的鐵路和小蒸汽車，只能算是實驗裝置，剛一露面就引起軒然大波，皆以為是妖怪，或許是汽笛轟鳴、黑

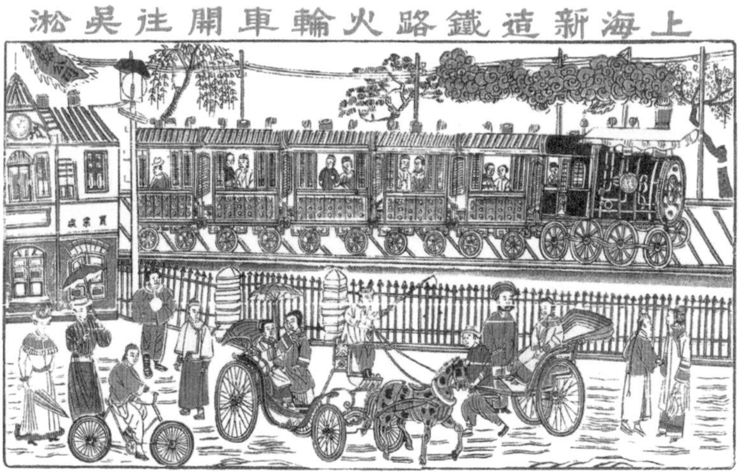

上海火車開往吳淞，桃花塢年畫

煙上騰所帶來的恐懼。可以想見，這個妖怪瞬息千里，又有著濃重的黑煙，本是值得稱道的新發明，可在晚清的百姓眼中，卻無疑是妖怪了。

一八七六年吳淞鐵路建成通車，這個鋼鐵怪物的出現，同樣引起騷動，沿線的百姓爭相前來觀看。這列火車共有六節車廂，所到之處，人人驚畏。不多久，發生一起火車壓死人的事故，反對的聲音再度高漲。最終，清政府收購這條鐵路，並將其拆除。

還有一個難以回避的問題，即是中國人的風水之說，即相地之術，講究在山川地勢中選取宮殿、住宅及墓地的方位。這是一整套嚴密有序的玄學體系，人們認為山川不可輕易破壞，否則便會招致災禍。所以，曾紀澤致信給致力於近代工業建設的張之洞信中感嘆：「吾華開礦較西人為難者，厥有二端：一曰股本難集，二曰風水難避。」在中國百姓看來，火車需要鋪設鐵軌，山上要開礦，逢山開道，遇水搭橋，改易山川格局都會出大禍端。劉錫鴻在一道奏摺中寫道：「西洋專奉天主耶穌，不知山川之神，每造鐵路而阻於山，則以火藥焚石而裂之，洞穿山腹如城闕，或數里或十數里，不以陵阜變遷、鬼神呵譴為虞。阻於江海則鑿水底而鎔巨鐵其中，如磐石形以為鐵橋基址，亦不信有龍王之宮、河伯之宅者。」

可見在晚清，修建鐵路是如此艱難，要與帝國的鬼神觀念做正面交鋒，在舊思想的巨大慣性中，「中國自古無火車」也可成為反對火車的理由。新生事物的出現，總是多受坎坷，種種荒誕，令人哭笑不得。

晚清時，李鴻章看到鐵路的好處，於是見縫插針地搞起鐵路。一八八〇年，唐胥鐵路動工，次年建成時，李鴻章才正式奏報朝廷。奏摺中，把這條鐵路說成是運輸煤炭的「馬路」，藉此避重就輕，可謂煞費苦心。

然而，唐胥鐵路通車後不久，慈禧太后就以「機車直駛，震動東陵，且噴出黑煙，有傷禾稼」為由，下令禁止使用。唐胥鐵路之行車被迫改為驢馬拖拽，十分滑稽的一幕就出現了：幾頭驢馬拖拽著長長的車廂在鐵軌上艱難地行駛，這恐怕是有火車以來最奇異的一幕了。

三

西方殖民者在晚清時從海上蜂擁而來，這些金髮碧眼的洋人宛如天外來客，他們乘坐的火輪船在海上劈波斬浪，如履平地，瞬息千萬里，而船上攜帶的火炮更讓清王朝嘗到苦頭。船堅炮利，成為形容洋人的常見詞彙。

輪船本非新製，用水輪驅水，做為前進的動力，古已有之。南北朝時，祖沖之造的「千里船」可以「日行百餘里」，便是輪船的雛形之一。《舊唐書》提到李皋設計的戰船「挾二輪蹈之，翔風鼓浪，疾若掛帆席」。明代的戰船中又有輪舟，用飛輪的葉片推進，這些都是人力的輪船，飛輪只不過是槳的變形，可以連續轉動，迴圈無窮。

一八四二年，英國船曾與清軍在吳淞、鎮江、南京三處交戰，三戰均以清軍的失敗告終。冷兵器與船堅炮利的對戰，實則是國力的考量，欽差大臣耆英、伊里布與兩江總督牛鑑只得向英軍求和。八月二十日，耆英等人參觀英艦臯華麗號（Cornwallis），這些封疆大吏大為驚駭，耆英聲稱「該夷船堅炮猛，益知非兵力所能制伏」。牛鑑原以為輪船行駛「係用牛拉」，「至是始嘆而信之」。

《中西聞見錄》中有〈火輪船源流考〉，遍述英、美各國的火輪船技術，從火輪船發明之初到技術完備，實是各國實驗摸索並在實踐中運用之功；其原理皆在於由蒸汽機驅動，遠勝於人力，所謂「火輪船同行遍於四海，誠萬世之利也」。

按《申江名勝圖說》載：「西國輪船初惟行於各海口，同治朝始准駛入長江。近則南至粵閩，北至豫鄂，沿江沿海遍立埠頭，而浪擊濤翻，益覺飛行無滯矣。」做為一部名勝風物的圖冊，將輪船採入其中，在自然景觀之中置入機械裝置，並將其看成社會風俗的生發現場，上海可謂得風氣之先。

後來魏源作《海國圖志》，詳繪火輪船的飛輪和氣缸結構，並作〈火輪船說〉，開頭便說：「今西方各國，最奇巧有益之事，乃是火蒸水氣，舟車所動之機關，其勢若大風之無可當也。或用為推船推車，至大之工，不藉風水人力，行走如飛。」這在當時是難得的真知灼見，全然是一種科學的態度，他還附詳圖說到蒸汽動力的原理，並稱其「甚為可奇可讚」。可惜的是，這聲音在當時極為微弱。《海國圖志》刊行後在清朝不受重視，卻被日本人意外發現，如獲至寶。

做為風俗畫報的《點石齋畫報》中自然出現不少輪船的場面，甚至提到吳淞口外輪船擱淺。美國至英國的輪船遇難，鋼鐵桅桿及鐵皮船體的線條直而硬朗，還有冒著煙的排氣孔，全然是一派工業時代的景觀，風帆時代的舊式船舶已經顯得局促不堪。

龍生九子

龍生九子的說法在民間傳說中甚為流行，即一龍所生之種往往形態各異，九是泛指，極言其多。九種怪物一躍而成為龍子，在帝國符號學中扮演著重要角色。

明代之前，「龍生九子」尚未見典籍記載，直至明代的文人筆記中始有出現，但版本不一，蕪雜之至。李東陽《懷麓堂集》云：「昔在弘治間，泰陵嘗令中官問龍生九子名目，因憶少時往往於雜書中見之，倉促不能悉具。」皇上忽然問及龍生九子的名目，李東陽只好拼湊交差。《懷麓堂集》又云：「龍生九子不成龍，各有所好。囚牛，平生好音樂，今胡琴頭上刻獸是其遺像；睚眥，平生好殺，金刀柄上龍吞口是其遺像；嘲風，平生好險，今殿角走獸是其遺像；蒲牢，平生好鳴，今鐘上獸鈕是其遺像；狻猊，平生好坐，今佛座獅子是其遺像；霸下，平生好負重，今碑座獸是其遺像；狴犴，平生好訟，今獄門上獅子是其遺像；贔屭，平生好文，今碑兩旁文龍是其遺像；螭吻，平生好吞，今殿脊獸頭是其遺像。」

由於皇帝過問，李東陽等明代文人筆下多有提到「龍生九子」，名稱又不盡相同。除了李東陽版本之外，另外一個影響比較大的版本來自楊慎。楊慎《升庵外集》列出這樣的名單：「贔屭，形似龜，好負重，今石碑下龜趺是也。螭吻，形似獸，性好望，今屋上獸頭是也。蒲牢，形似龍而小，性好吼叫，今鐘上鈕是也。狴犴，形似虎，有威力，故立於獄門。饕餮，好飲食，故立於鼎蓋。蚣蝮，性好水，故立於橋柱。睚眥，性好殺，故立於刀環。金猊，形似獅，性好煙，故立於香爐。椒圖，形似螺蚌，性好閉，故立於門鋪首。」

楊慎與李東陽的理論兩相比較，多有出入，但都極言「龍生九子，各不成龍」。又有其他雜說，例如陸容《椒園雜記》中有憲章、蟋蜴、螭虎、金猊等九子的異名，不一而足。明人筆記中對「龍生九子」的說法之所以不一致，皆因其來源駁雜——有那麼多神獸被強拉來充數。於是，中國故事中的怪獸一一出場，成為龍之子。

如果說「龍生九子」的具體名目最早見於明人筆記，那麼民間「龍生九子」的原型則要早得多。最早的「龍生九子」故事出自北宋文學家歐陽修所著的金石遺文彙編《集古錄跋尾·卷十·張龍公碑》，據載，這篇碑文刻於唐乾寧元年（八九四年），撰者趙耕，碑文曰：「君諱路斯，潁上百社人也。隋初明經登第，景龍中為宣城令。夫人關州石氏，生九子。公罷令歸，每夕出，自戌至丑歸，常體冷且溼。石氏異而詢之，公曰：『吾龍也。蓼人鄭祥遠亦龍也，騎白牛據吾池，自謂鄭公池。吾屢與戰，未勝，明日取決，可令吾子挾弓矢射之，係鬣以青綃者鄭也，絳綃者吾也。』子遂射中青綃，鄭怒東北去，投合肥西山死，今龍穴山也。由是公與九子俱復為龍，亦可謂怪矣。」

這裡說到的張路斯天賦異稟，原本是一條龍，卻幻化為人形，在人間娶妻，生有九個兒子。張路斯每天晚上都要外出，歸來時身體常常又冷又溼，妻子石氏感到奇怪而詢問，他說自己是龍，蓼人鄭祥遠也是龍，與張路斯爭奪池塘，難分高下，最後張路斯在九個兒子幫助下，終於打敗並殺死鄭祥遠，於是張路斯和九子都成為神，潁上遂建「張公祠」，又名「九龍廟」。龍生九子以民間故事的面貌出現在歷史的深處，不妨看作是龍文化和生殖文化的合流。

再往上追溯，又有龍生十子的故事，見之於漢代的少數民族傳說，其事見《後漢書・南蠻西南夷列傳》：「哀牢夷者，其先有婦人名沙壹，居於牢山，嘗捕魚水中，觸沉木若有感，因懷妊。十月，產子男十人，後沉木化為龍，出水上。沙壹忽聞龍語曰：『若為我生子，今悉何在？』九子見龍驚走，獨小子不能去，背龍而坐，龍因舐之。其母鳥語，謂背為九，謂坐為隆，因名子曰九隆。及後長大，諸兄以九隆能為父所舐而黠，遂共推以為王。後牢山下有一夫一婦，復生十女子，九隆兄弟皆娶以為妻，後漸相滋長。」

這是漢代哀牢國的神話傳說，為王權統治戴上神聖光環。哀牢國的這一神話傳說，也昭示著母系氏族社會過渡為父系氏族的資訊。《呂氏春秋》有云：「昔太古常無君矣，其民聚生群處，知母不知父，無親戚兄弟夫婦男女之別與上下長幼之道。」故而上古時聖人皆無父，感化而生，實為母系氏族的真實寫照。漢朝時哀牢國歸漢，後改為永昌郡，九隆的子孫，後來成為白族的祖先。

南宋洪邁《夷堅志》中，可以找到一絲「龍生九子，各有不同」的影子：潼州有一個燒陶大戶梁氏，家裡有十口陶窯，只有一個窯燒出的陶器模樣完好，其餘九窯燒出的陶器則奇形怪狀，但拿到市集上，卻有很多人爭著買。一天，梁氏夢見龍翁，龍翁說家有九子，居住在九窯中，它們暗中作怪，使其燒出的陶器奇形怪狀，但也是因為九子，使其瓷器大受歡迎，獲利豐厚。梁氏醒後，建立九龍廟，廟中老龍居中，其九子列於兩側。

這類故事同屬於龍崇拜語境下的民間敘事，做為帝國象徵的龍，在民間話語中有著至高無上的神聖地位，民間故事多有附會。龍生九子，實為龍與其他物種雜交之形，後來用於比喻同胞弟兄良莠不齊，例如贔屭龜形、金猊獅形、狴犴虎形，而人形龍身者則亦屬此序列。近於故紙堆中蒐羅龍生九子的古圖，多散落於青銅器及建築、石刻之中，難於捃摭。龍九子圖像最為系統者，當屬日本學者野崎誠近在其關於中國風俗研究的著作《吉祥圖案解題》中所列。此書民國初年出版於天津，其中，龍生九子各有專圖，所採用的名目與明人楊慎所述最為吻合，似是遵楊慎之說繪製而成的圖像。九種圖像取法古器之形，又有明、清版畫的流暢線條，現依照九子之序，簡述九圖如下：

一曰贔屭，龍生九子之首，龜形，力大無窮，能馱巨碑。以龜為碑座，顯然是取其長壽與牢固之意，而碑又多為記功、旌表之用。文字摹刻上石，自然希望千年流傳，使後人知之，以期不朽。贔屭做為龜形獸，怎會成為龍族？《淮南子》云：「介潭生先龍，先龍生玄黿，玄黿生靈龜，靈龜生庶龜。」可見龍與龜早有血緣關係，龜是庶出之子，因此，贔屭被列為龍之子就不足為怪了。這裡的贔屭頭部仍似龍形，巨口吞吐，鬃鬣翕張，只不過缺少龍頭上的角，觸鬚也大為縮短，頭部以下都是龜形。在故宮、孔廟等古蹟處，贔屭的身影隨處可見，有的贔屭四腿上還雕出龍鱗，甚或在身後加一條鱷魚似的密鱗長尾，極

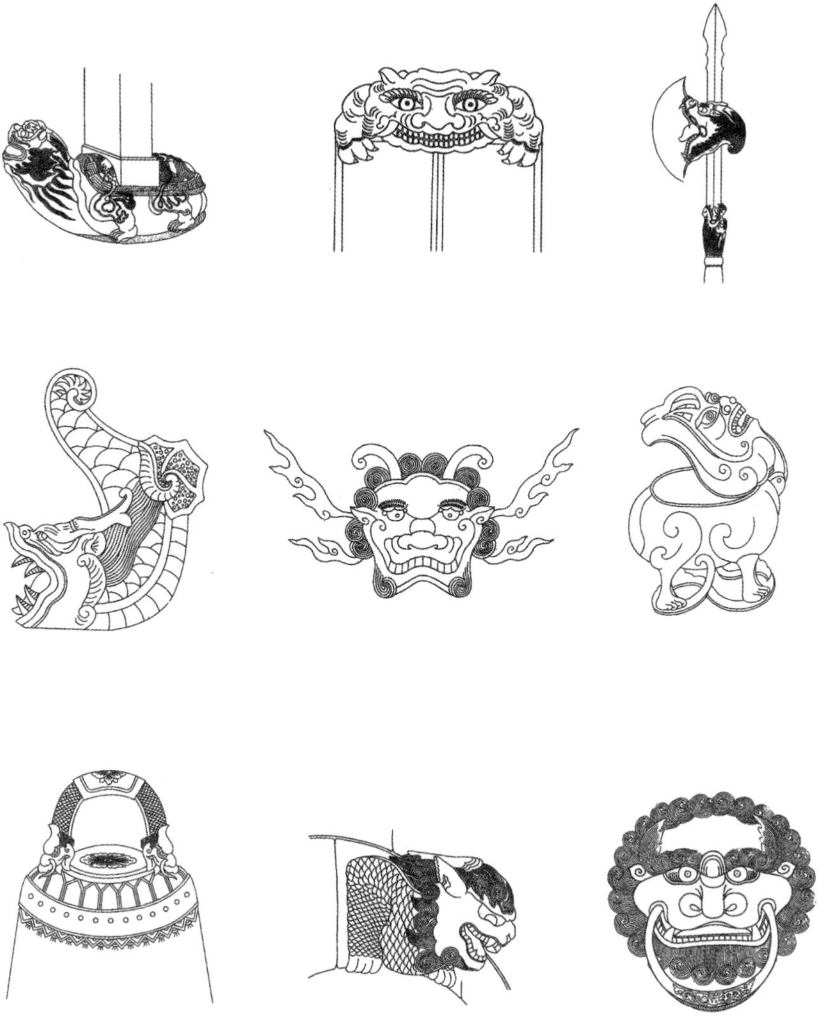

龍九子，野崎誠近《吉祥圖案解題》（日）

彩繪本《金石昆蟲草木狀》（明）

力彰顯它與龍的血緣關係。贔屭的存在往往伴隨著帝國的榮耀，帝國煙消雲散之時，它馱負的榮耀之碑尚在，著實牢固，它的壽命比帝國還要長久。那些關於不朽的希望，在時間面前不堪一擊。

二曰螭吻，是龍頭魚身之怪。螭吻屬於舶來品，又名鴟尾、蚩尾，由佛教中的摩竭魚演化而來，東晉顧愷之的《洛神賦》中就已出現摩竭形象。佛教在中土的流傳過程中，摩竭吸收中國龍文化的因素，變為魚頭龍身，成為魚和龍的合體，謂之螭吻。古建築的房脊上常見，謂之「脊獸」，《太平御覽》載：「漢柏梁殿災後，越巫言，海中有魚虯，尾似鴟，激浪則降雨，遂作其像於屋，以厭火祥。」可見螭吻善於降雨，最早被用在殿閣防火。螭吻眼圓睜，鼻高翹，以示警覺，龍嘴大張，露出四顆尖牙。時至今日，我們在簷角上常覓得其身影，它以下顎貼住簷角，有時會吞住屋脊末端，又謂之吞脊獸；魚尾部分短促而有力，向上彎折，遠遠高過頭頂，尾尖一直指向天空，似乎隨時都會破空飛去。在舊時的深宅大院，常見螭吻矯健的身影，它的存在為大宅平添幾分寥落。

三曰蒲牢，似乎是龍的微縮版，也是九子之中最像龍的一位，只不過和龍相比，似乎顯得太小了些。這隻不起眼的小龍常被安放在銅鐘的鐘鈕上，做為約定俗成的一種裝飾紋樣。據說蒲牢「平生好鳴」，就是喜歡鳴叫，把它做為鐘鈕最為相宜。《淮南子》載：「闔伐楚，燒高府之粟，破九龍之鐘。」這裡說到的九龍之鐘就是以龍為鐘鈕的一組編鐘。看來以龍為鐘鈕的傳統源遠流長，乃至後世佛寺之鐘也多飾物以龍鈕，因而出現蒲牢之名。蒲牢的鳴叫聲響極大，因此能使鐘聲更加明亮悠遠。蒲牢還有一個最大的弱點，就是害怕鯨魚，每見鯨魚都要大聲吼叫，然後轉身逃跑。為了鐘聲響亮，許多鐘槌做成鯨魚形狀，以求達到最大聲效。朱珐先生曾談及蒲牢：「它最擅長發出與其渺小身胚並不相稱的宏音，因而往往被神佛囚禁在鐘這種樂器兼法器上。」*與此同時，朱珐先生認為擅講鬼怪故事的蒲松齡即蒲牢由海登陸後的化身，是遊戲人間的神祇。同樣的，蒲松齡也是以其渺小的身胚發出不相稱宏音，他一身卑微，卻至今餘響不絕。野崎誠近的蒲牢圖取了鐘的上半部，此處所繪製的蒲牢為雙頭龍，取對稱之意，雙龍彎曲的身形做為鐘鈕，兩隻龍頭則緊緊叼住碩大的銅鐘，內中另穿鐵鍊便可懸掛，它承擔鐘的所有重量，而且要為鐘聲的大小負責。

四曰狴犴，是牢獄之神。獄門上的虎頭獸就是狴犴，故牢獄又稱為狴牢。李商隱有詩云：「手封狴牢屯田制，直廳印鎖黃昏愁。」狴犴不僅急公好義，還仗義執言，而且能明辨是非，身兼數種道德家才具備的美德。除了牢獄門外，長官出行時的「肅靜」、「回避」的衙牌上有它在虎視眈眈，以增添長官威儀。傳說狴犴像古代神獸獬豸一樣，能在公堂之上辨出善惡，把有罪之人吃掉。人們寧可相信獸的判斷，也不相信人有公正。野崎誠近所繪的狴犴圖是衙牌上端盤踞的虎頭，兩隻前爪抓住衙牌上端的兩個方角，每隻爪有三趾，並露出銳利的爪尖。衙牌的主體部分隱去不繪，旨在重點突出狴犴的形象，它的身子躲在衙牌之後，只把頭探出衙牌頂端，似乎有意遮掩形跡。齊整的牙齒之外又有兩顆獠牙，抬頭紋和小耳更見城府，似笑非笑，神情曖昧，這種神態似曾相識——無論如何也難相信此君是善類。

五曰饕餮，商周青銅器上的常客。《呂氏春秋》載：「周鼎著饕餮，有首無身，食人未嚥，害及其身，以言報更也。」《左傳．文公十八年》云：「縉雲氏有不才子，貪於飲食，冒於貨賄，侵欲崇侈不可盈厭，聚斂積實不知紀極，不分孤寡，不恤窮匱，天下之民以比三凶，謂之饕餮。」據說縉雲氏的「不才子」就是蚩尤。黃帝戰蚩尤時，蚩尤被斬首，頭顱落

＊ 朱琺〈我們為什麼需要妖怪〉，《藝術世界》二〇一三年第九期。

地而化為饕餮，最喜暴飲暴食，貪得無厭，它有頭無身，吞噬一切，而後漏盡，是天下至為殘暴的凶獸，故而常用在煮肉的鼎蓋上，發揮警醒之意。饕餮與龍的關聯甚少，不知何時被歸於龍的子孫，可見「龍生九子」這一概念的拼湊本質，更像是上古神獸的一次集中編隊。野崎誠近的饕餮圖改繪自青銅器紋樣，這個有著獅鼻和鬈髮的怪獸，正扇動著肉翅，張著無所不吞的血盆大口迎面飛來，彷彿要映照出我們心中的無盡貪欲。眼下正是盛產饕餮的年代，物質過剩，貪欲卻似饕餮一般難以饜足，每見饕餮圖，便暗生怵惕。

六曰蚣蝮，又名霸下，俗稱避水獸，生性愛水，常見於橋梁之上。據稱有此獸鎮住大水，橋梁便可無虞，可見蚣蝮在橋梁建設中的禳鎮功效。蚣蝮像龍，身比龍小，頭比龍扁，身比龍粗短，更接近蜥蜴、鱷魚之類的獸形，流線型的身軀似乎更通水性。野崎誠近筆下的蚣蝮趴在橋洞頂端，俯瞰著河面的滔滔流水，絲毫不知厭倦。它肥碩的上身露出石橋，尾部卻陷入石橋之內，杳不可見。走過古石橋，在拱橋頂端就會看到蚣蝮的孤單身形，它的年華並未隨流水老去，相反的，是變動無常的流水在它的眼中老去。

七曰睚眥，即刀劍上的龍形紋飾，或做為刀環及劍柄的吞口獸。睚眥平生喜好殺伐，借其威以壯兵刃之勢。睚眥本意為瞪眼怒視之意，故皆從目。《史記・范雎傳》說范雎心胸狹窄：「一飯之德必償，睚眥之怨必報。」後來衍生出成語「睚眥必報」，是為睚眥的本來意義。睚眥的仇恨成為兵刃上的抽象符號。野崎誠近筆下的睚眥取戰斧之形，內中有兩隻睚眥，頭顱似豹，一隻睚眥朝天吐出尖刺，另一隻睚眥朝左側吐出月牙形的斧刃，它們以尖刺和鋒刃為口舌，殺氣騰騰，令人難以直視。

八曰狻猊，是外來物種。《爾雅・釋獸》云：「狻猊如虦貓，食虎豹。」郭璞注曰：「即獅子也，出西域。」彼時的獅子還是被當作神獸，相當於傳說中的麒麟、白澤等怪獸。因其喜歡煙霧、好踞坐，所以被放到香爐上。李清照詞「香冷金猊」即拿狻猊代指香爐。在某種語境下，狻猊完全可以成為香爐的代名詞，可見二者契合度之深。《香譜》曰：「香爐以塗金為狻猊之狀，空其中以燃香，使香自口出。」野崎誠近的狻猊是對香爐的摹寫，獸頭為香爐蓋子，獸四腿為香爐腿，是為古代香爐制式之一例。自從有了這種制式，狻猊這隻怪獸就整日踞坐，噴雲吐霧。

九曰椒圖，似螺，疑似自閉症患者，取其做為宅門的吞環之獸，避免宵小之輩進入，發揮保家護院的作用。《後漢書・禮儀志》云：「商人水德，以螺首慎其閉塞，使如螺也。」即言螺的閉合功能。《百家書》載：「公輸般見水蠡，曰：開汝頭，見汝形。蠡適出頭，般以足畫之，蠡遂隱閉其戶，終不可開，因效之，設於門戶，欲使閉藏當如此固密也。」水蠡是一種形似螺蚌的水中怪獸，魯班以能工巧匠的絕世畫功，偷偷用腳畫下它的真形，雖然中途被發現，但仍留下草圖，估計細節部分要靠記憶和想像來復原。魯班以此做為椒圖的設計樣本，用之於門戶的設計。野崎誠近的椒圖作獸形，一張鬼臉口吞門環，取幽閉之意，兼具門神的某些功能，使鬼魅不敢進犯，門戶得以平安。

龍生九子是古代怪獸的一次大整理，與此同時，神祕的龍文化已非帝王專有，終以九子的形式實現文化下移，開始進入市井之中。來自上古時代的怪獸也隨著世間的推移而法力漸失，乃至進入尋常百姓之家。

卷三

童年陰影

上吊的圖像史

上吊就是用懸掛在高處的繩套環頸自殺，又稱自縊。古時以此法自殺的人不在少數，這是一種比較體面的死法，可以在不傷害身體髮膚的前提下赴死；而人的脖頸套在繩索之中，呼吸的通道鎖閉，懸空狀態下無法脫出，即便後悔，也難自救。

較早出現在史料記載中的自縊者是春秋時晉國太子申生，他的父親晉獻公寵信驪姬，驪姬生下一子，驪姬打算立兒子為太子，開始處心積慮陷害申生。適逢申生獻肉給晉獻公，驪姬命人在肉中下毒，晉獻公剛要吃肉，驪姬出面阻攔，命左右試肉，用肉餵狗，狗死，給宦官吃，宦官也死，晉獻公大怒。有人勸太子申生前去申辯，申生卻說：「國君年老，如果沒有驪姬，就會寢食不安。我若申辯，驪姬必定有罪。驪姬有罪會使國君不高興，我也會因而內疚。」還有人對太子申生說：「您可以逃到其他國家避難。」申生說：「國君還沒有查清我的罪過，帶著殺父的惡名逃奔，誰會接納我，我還是自殺吧。」不久，太子申

伯林雉經，清刻本《離騷圖》

生在新城曲沃上吊自殺。

中生的死，用今天的眼光來看，確實有些痴氣，而他雖有賢名，卻未能跳出所處的時代。屈原在〈天問〉中有句「伯林雉經，維其何故」，通常認為伯林即中生的字，屈原從中看到忠與命的不可兼得，後來他也未能走出這個怪圈。明代畫家蕭雲從《離騷圖》中有中生自縊的場面，戴著高冠的貴公子用繩索自懸在樹上，四下裡空寂無人，只有湛然長逝的生命在半空中懸置。繪畫中出現上吊的情境，極為罕見。中國人喜祥瑞，熱衷於趨吉納祥，上吊的場景不祥，因而少有畫家涉及。

中生之後又有王蠋，此人是齊國退隱大夫。燕將樂毅攻破臨淄，一路勢如破竹，齊湣王逃奔莒州。樂毅聽說王蠋是當世大賢，使人重金請他。王蠋說：「與其屈從敵人，不如以死激勵國人。」《史記》載，王蠋「經其頸於樹枝，自奮絕脰而死」，齊人大受震撼，共奔莒州，圖謀復國。法國傳教士祿是遒（Henri Dore）於清末來華，作《中國民間信仰》，其中有一幅王蠋自縊的彩色畫像；王蠋懸在樹上，畫面最下方還有他踢翻的木凳，凳腿朝天，突如其來的動盪已然恢復平靜。

與之相似的還有李後主的大臣陳喬，也是國破而自縊。趙匡胤命大將曹彬攻打南唐國都金陵，城將破，李後主寫下降書，準備出城請降，陳喬勸諫：「自古無不亡之國，降亦無由得全，徒取辱耳，請背城一戰。」李後主不聽，陳喬遂自縊而死。明刊本《人鏡陽秋》有一幀版畫記陳喬自縊時的場面；他踢倒腳下的方凳，脖項中的繩子即將勒緊，畫面在這一刻定格，令人感慨唏噓。陳喬之死令李後主頗為尷尬，後來果如陳喬所言，投降後的李後主日子並不好過，最終被鴆殺，未能保全自己。

相對於李後主的軟弱，聲稱「君王死社稷」的明朝末代皇帝崇禎倒是硬氣得多，他的上吊更具有象徵意義，在走投無路之際想到一死殉國。十六世紀一幅歐洲銅版畫中，兵燹遍地，右側懸在樹枝上的人，就是崇禎。崇禎帝自縊於煤山，標誌著江山易主，面對繩套時，在環狀的閉合區域中，他看到宮殿之中火光衝天。

王公貴族的自縊是一種體面的死法，一條白綾也非普通百姓能用得起。在民間，目睹上吊者的經驗不在少數。廉價的麻繩帶來的痛苦更甚，自縊的死者眼睛突出，舌頭伸出脣外，種種慘狀皆是怵目驚心的視覺經驗。

民間傳說中的黑白無常，白無常即是吊死鬼。白無常名叫謝必安，黑無常名叫范無救，二人是莫逆之交。范、謝二人出行，正逢下雨，謝必安回村拿雨傘，讓范無救在河

陳喬自縊，明刊本
《人鏡陽秋》

邊等待。結果雨勢暴起，河水上漲，范無救不願失信，所以仍留在原地，被水淹死。謝必安回來後痛不欲生，吊死在河橋的廊柱上。黑無常的死是為了信，白無常的死是為了義，這二人後來成為地府中勾攝生魂的使者。流傳較廣的上吊故事，還有漢樂府〈孔雀東南飛〉所記的一則，女主人公劉蘭芝，男主人公焦仲卿，一個「舉身赴清池」，一個「自掛東南枝」，雙雙殉情而死。還有為數更多的赴死者，躲在歷史的褶皺裡。

年畫上的妖怪

年畫始於古時的「門神畫」，據記載，漢代時已經有門上張貼門神之像的習俗，歷代沿襲不絕，清代時趨於成熟，有風俗、仕女、花卉、戲曲、神佛等百姓喜聞樂見的題材。年畫於春節時張貼在居室內，有烘托節日氣氛、祈福納祥、驅鬼辟邪等美好寄託。

年畫雖以喜慶吉祥的內容為主，卻也有例外。清代桃花塢年畫的圖樣中，有幾張以妖怪為主題的年畫，可稱得上群魔亂舞、妖氣縱橫。蘇州桃花塢年畫始於明代，鼎盛於清朝雍正、乾隆年間，色彩鮮豔，筆觸工穩，確有江南水鄉的細膩。這組妖怪年畫聲稱以《山海經》、《五國奇談》等古書敷衍而來，於是畫片上的題名為《山海經各種奇樣精妖》、《五國奇談精怪》、《四海野人精》等。後來這一系列有過新版，在原先的名目前加上「新鐫」二字以示區別。這些妖怪年畫的印製，似乎是為了做成走馬燈，將妖怪圖樣剪下，安裝在走馬燈的飛輪之上，即可旋轉如飛，同時又可做為整張年畫來張貼。

至於畫面的內容則頗為吸引人，例如《山海經各種奇樣精妖》有青蛙精、黃鱔精、金錦魚精、泥鰍精、黑魚精、毒蛇精等十八種妖怪，多是動物成精。《五國奇談精怪》有木桶精、煙槍精、夜壺精、馬桶精、掃帚精、桌子精、椅子精等二十一種妖怪，多是日常器物成精。《四海野人精》有荷花精、紫竹精、石人精、柏樹精、桃花精等十八種妖怪，多為草木竹石之精。

這幾種妖怪年畫中，我們不難發現一些來自傳統的蛛絲馬跡。《山海經各種奇樣精妖》的魚精、蛇精，明顯脫胎於《山海經》獸身人面的組合方式。用這一模式推演，又得到壁虎精、蜻蜓精、青蛙精等新組合，雖然打著古書《山海經》的幌子，但這些形象都是民間畫師自創的。

圖寫精怪，無疑是向《山海經》的偉大傳統致敬。《五國奇談精怪》的器物成精，也是一種古老傳統，已經散佚的《白澤圖》曾提到金之精、木之精、玉之精，即是此類。《異苑》又有掃帚作祟的故事，這一傳統後來傳到日本，妖怪畫家鳥山石燕繪製卷帙浩繁的《百器徒然袋》，日常器具皆被描繪成妖怪。

繪製妖怪圖像被認為具有祛魅辟邪的效果，其淵源來自大禹造九鼎。《左傳·宣公三年》載：「昔夏之方有德也，遠方圖物，貢金九枚，鑄鼎象物，百物而為之備，使民知神奸，故民入川澤山林，不逢不若，魑魅魍魎，莫能逢之。」也就是說，鼎上刻畫著各地毒蟲猛獸、鬼神精怪的圖像，使百姓提前防備。有觀點認為《山海經》即是大禹九鼎上遺存的紋樣。按民間風俗，畫鬼怪之形，使鬼怪知人早有防備，從而退去，不再為害，這是一種上古巫風的遺存。

桃花塢年畫中出現的妖怪形象，與當時的吳地百姓「好巫鬼，重淫祀」的風俗習慣有關，對於妖怪，多抱有「寧信其有，不信其無」的態度，甚至對妖怪饒有興致。於是，年畫中的妖怪多半天真活潑、一臉無害，穿著打扮為清代人的日常裝束，生活氣息濃郁。圖譜式集中展示，男女老少在年畫中指認妖怪，樂在其中，除卻辟邪功能之外，又增加娛樂功能。人們對妖怪的濃厚興趣，在各種文化類型中較為普遍，可以證得人們對未知世界的好奇。

妖怪形象在年畫中尋得與日常生活審美的對接之路，因而得以集束式爆發，呈現出枝蔓蕪雜的妖怪體系，恐怖與奇幻退隱，趣味與詼諧代之而起。然而，妖怪鬼神的題材後來漸與年畫分離，多在民間紙馬中出現，用於祭祀活動，在年畫中，妖怪圖只是偶爾一現。

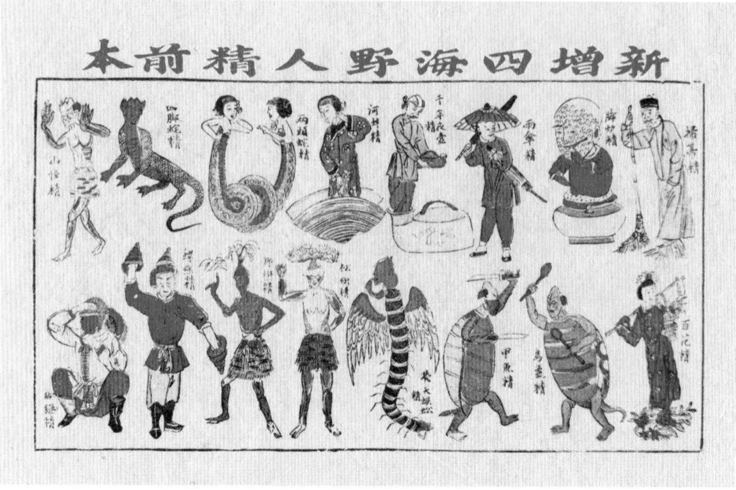

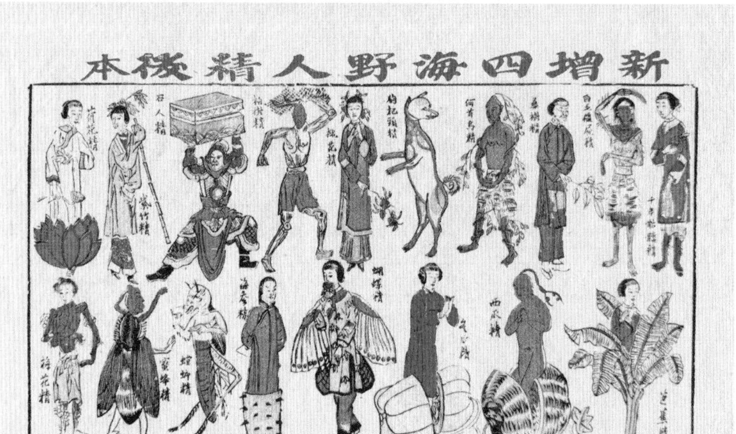

▲《新增四海野人精》前本

▼《新增四海野人精》後本

年是一頭怪獸

每逢年關將近，又聽到那個耳熟能詳的故事，說的是古時候有一種叫做「年」的妖怪，它從山上下來，進入村莊，能使人們患上寒熱之疾。這種妖怪專門攜帶癘病，人人聞之色變。然而這妖怪雖然凶惡，卻也有弱點，它最怕火中燒竹子時的爆響，

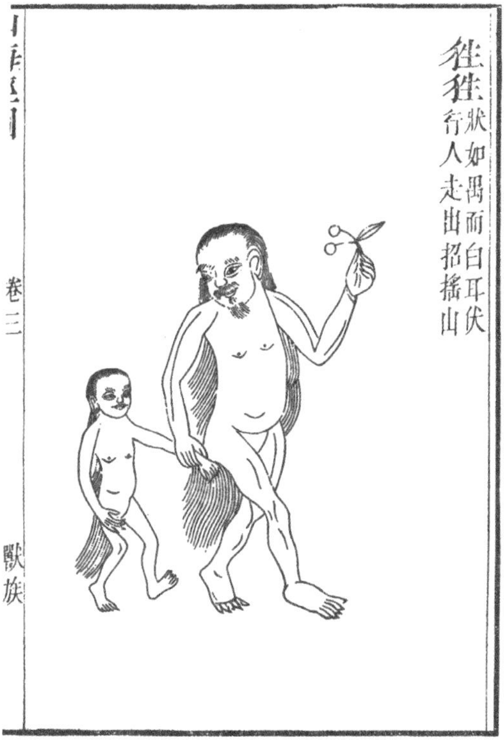

狌狌

於是人們便在它下山的這天點燃竹子，把妖怪驚走。人們又在燃燒的竹子裡裝進硝，點燃後聲響更大，就是後來的爆竹，燃放爆竹成為年俗中的重要一環。據說鞭炮沖天的火光和巨響，可以震懾「年」之類的妖怪。

這個故事可能和你母親講的不太一樣，但大同小異，都是把「年」比做怪獸，燃放爆竹將其驚走，謂之「過年」。

顯然，這是較為晚出的神話傳說。若往上追溯，「年」這種妖怪的原型叫做山魈，是一種山精。據《荊楚歲時記》載：「正月一日，雞鳴而起，先於庭前爆竹，以避山魈惡鬼。」山魈的歷史則可上溯到《山海經》中的梟陽國人，梟與魈互通，亦稱梟羊，民間稱之為山大人，梟陽即山魈、山精之類。《山海經．海內南經》載：「梟陽國在北朐之西，其為人，人面長脣，黑身有毛，反踵，見人則笑，左手操管。」這裡提到的梟陽樣子像人，嘴脣長可遮過額頭，渾身黑毛，腳掌朝後，披髮，手執竹筒。這類妖怪喜歡抓人，抓到人後便仰天長笑，大笑之時，長脣翻轉，蓋住額頭，直到笑夠了，才開始吃人。對付這種妖怪，《異物志》記載一個巧妙的辦法：拿大竹筒套在手臂，靠近山魈，山魈抓人，一般是扯住人的手臂，卻抓住了竹筒，趁山魈大笑之時，人從竹筒裡抽出手來，用刀把山魈的長脣扎在額頭上，即可擒住山魈。郭璞《山海經圖贊》中說：「獲人則笑，脣蔽其目，終亦號咷，反為我戮。」

梟陽算是比較古老的形象，其事蹟在傳播過程中，又有不同程度的雜糅。例如韋昭注《國語．魯語下》說：「夔一足，越人謂之山繅，富陽有之，人面猴身，能言。」山繅即山魈，這是將山魈和一足夔混雜。夔本是《山海經》中一隻腳的牛形怪獸，生活在東海的流波山，上古神話在民間流傳，使夔由海登陸，與山魈混雜，故而山魈的形象又有獨腿者。

《神異經》寫到山魈愛吃蝦蟹的習性：「西方深山中有人焉，身長尺餘，袒身，捕蝦蟹，性不畏人，見人止宿，暮依其火，以炙蝦蟹。」由這種習性來看，山魈或許是一種生活在山間的食蟹猴。《神異經》又寫道：「人嘗以竹著火中，爆烞而出，魈皆驚憚。」提到以爆竹驚走山魈的方法，似乎是對《山海經》中梟陽受制於竹筒的演變，而這裡記載的爆竹方法，是「年」這種妖怪傳說的古老源頭。《神異經》中還說山魈「犯之令人寒熱」，用現在眼光來看，似乎是說山中的猴類攜帶傳染病，使人受到感染，因此被看成是妖怪。

神話學家袁珂認為山魈是夔的變體，是猴形的獨腳精怪，後來演變為大禹治水所遇到的水妖無支祁。無支祁是堯、舜、禹時代的奇妖，也是有史以來最具神通的第一奇妖。無支祁出生在豫南桐柏山中的花果山，為天生神猴。後娶龍女為妻，生了三個兒子，都是神通廣大的魔頭。它自為淮渦水神，在淮河中建有龍宮，勢力波及黃河中下游和長江中下游。無支祁的形象在唐人李公佐《古岳瀆經》中被描述為「形若猿猴，縮鼻高額，青軀白首，金目雪牙，頸伸百尺，力逾九象，搏擊騰踔，疾奔輕利」，後來無支祁又演變為《西遊記》的孫悟空，這是山魈故事的一條祕密通道。

可見，上古時代的神獸以多種形象保存在後世民間信仰中，年代愈久遠，發生的形變愈劇烈，甚至難以辨識。山魈的演變之路頗見妖怪考稽之難，民間信仰與原始神話的相互侵染，使這種難度不斷升級。

中國的志怪傳統中，通常認為妖怪耗人精氣，令人虛弱，年也是如此。做為時間的尺規，年獸的頻頻出現，催人老去，怎能不令人恐懼？而這古老的恐懼，相當於對妖怪的恐懼，將年比作妖怪，實在有深意存焉。

魂兮歸來：家堂上的鬼神

家堂軸子是一幅卷軸畫，大年三十這天請出來，掛在正堂，懸掛三天，擺上供品祭祀。人們認為祖先的鬼魂會在過年時回來享用祭品，家堂軸子集年畫、紙馬和家譜的功能於一身，在漢族的年俗儀式中擔任著重要的角色，至今仍多有使用，但卻常被忽略。

家堂軸子的尺幅頗大，高近二公尺，寬也有一百五十公分有餘，加上兩側的瓶花軸子，幾乎可以占去正廳的整面牆壁。家堂軸子上有一座高大的宅邸，門前有一群身著官服、頭戴烏紗的官員，互相拱手寒暄，一派祥和歡樂的氛圍。在官本位為主導的年代裡，衡量人才的唯一標準就是做官，這些官員形象寄寓著本族人才昌盛的美好祝願。若繪製新式的家堂軸子，官服烏紗也要換成西裝革履白襯衣，高頭大馬也要換成進口轎車。

這些官員相貌堂堂，意氣風發，符合民間對大人物的想像。他們心寬體胖，濃眉大眼，眼角眉梢還隱隱有不易察覺的神祕微笑。他們的輪廓以版畫工藝印製而成，衣服顏色手工罩染，衣紋用稍深的筆觸勾勒，臉上罩了粉色，面色紅潤，眼眶以內用淡墨掃了一下，有了明暗之分，顯得眼眶深。他們之間眼神交流頗多，互相照應，其間又有老人和孩童，都身著官衣，顯然是官宦之家的裝束。

獅子出現在大門兩側，鬈髮獅子是外來怪獸的風貌。在古代，人們認為外國人多有鬈髮，而外來的獅子也該是鬈髮，因而門前的石獅子是一頭大波浪，背後的毛髮也是彎曲的，渾身是耀眼的藍，點綴了些紅色，光彩奪目。獅子腳踩的繡球紋樣勻稱而有連續性，脖子上掛著鈴鐺，人們想用獅子看家護院，其作用相當於看門犬。

大宅正門寫著「祠堂」二字，原來是本族祠堂。門上對聯是：「俎豆千秋永，本支百世長。」俎豆是祭祀用的兩種器具，用來盛放食物，平盤為俎，高腳為豆，這副對聯的意思是希望家族的祭祀千秋永在，這一支脈可以綿延百世。側門上的對聯是「一夜連雙歲，五更分二年」，說的是除夕之夜的時間交替，新年和舊年在半夜裡悄悄完成更迭。

祠堂的內部結構一目瞭然，高牆並未遮擋視線，沿著甬道進入祠堂的正門，是海上日出的照壁，一輪紅日噴薄而出。繞過照壁，院落裡有鹿與鶴在遊弋。鹿與鶴象徵長壽，所謂「鹿鶴同春」，這兩種動物介於神話與現實之間，是人們喜聞樂見的祥瑞之兆。

再往裡是長長的甬道，青磚鋪地，往前有團花的蒲團，供跪拜用。甬道也是祠堂的中軸線，以這條線為基準，兩側對稱。祠堂的正當中供奉著祖父、祖母神像，這是眾多祖先的代表，相當於民間紙馬中的祖先神像。中國傳統中，人們認為去世的祖先仍然會對現世施加影響，禮敬祖先便會獲得庇佑。

甬道兩側是密密麻麻的方格，裡面寫著本族先人的名字，右側是男性祖先，左側是與之相對應的女性祖先。金字塔頂端是本支的祖先，由其往下，家族開枝散葉，有了今日的規模。這部分方格即祠堂建築體系中的祖先神位，相當於一份家譜。幾百年前，有一位祖先在這裡定居，在他身後瓜瓞綿綿，家族繁衍為一座村莊。

家堂軸子的兩側還有兩幅瓶花軸子，一般是按「東蓮花，西牡丹」的順序懸掛，花瓣的筆觸潑辣，有著民間元氣的野逸。花的上方有鳳凰飛過，象徵著好運的降臨。

家堂軸子是一種民間藝術，有著豐富的民間符號與吉祥紋樣，是為數不多還有實用功能的活化石。這是宗法制度在民間的餘絮，亦是祖先崇拜的舊俗，追其源流，已有二千多年歷史。

家堂軸子裡的祠堂即家廟，本是實用的建築，族人祭祀祖先，並舉辦婚喪嫁娶等事

家堂軸子

家堂軸子局部

宜，有時兼有私塾的功能。在二十世紀六〇年代，北方的祠堂基本被拆除，人們將這座記憶中的大宅搬到紙上，使其得以延續。而不久的將來，這座紙上的大宅將再次面臨危機，在轟轟烈烈的城市化進程之中，搬到樓房的人們無處懸掛巨幅的家堂軸子。那座飛簷斗拱的大宅，將遭遇第二次覆亡。

狗血的文化史

一

做為人類最早馴化的動物之一，狗與人的關係最為密切。早在原始社會，狗就進入先民的日常生活。從現有的考古發掘來看，諸多新石器時代的遺址中出現狗的骨骸，以及狗形陶器，這些遺址距今已有上萬年，可見人與狗的親密關係由來已久。然而，做為「人類的好朋友」，狗卻是古人重要的祭品，甲骨文中多次提到犬祭，有一條甲骨卜辭寫著「三犬，此雨」，即是用狗向雨神獻祭。

後代祭祀多沿用犬牲，《史記．封禪書》載：「秦德公時，磔狗邑四門，以禦蠱菑。」磔是指分裂牲體以祭神。相似的記載還見於東漢應劭《風俗通》：「蓋天子之城，十有二門，東方三門，生氣之門也，不欲使死物見於生門，故獨於九門殺犬磔禳。」大意是說，天子之城有十二個門，東西南北各三門，東方三門朝向太陽，是生門，不能見死物，所以在其他九個門殺狗來祈禱消除災禍。《荊楚歲時記》中又有塗狗血於門的習俗，為的是借助血光之氣來辟除邪氣。藉由狗血來禳災納吉是上古巫風的延續，終於進入民俗文化心理的細部，成為一條若隱若現的灰線。

二

古時巫醫不分，許多療法帶有巫風，狗血在醫古文裡又有著神奇療效。《本草綱目》提道：「術家以犬為地厭，能禳辟一切邪魅妖術。」因此，狗血也能袪除病魔。《本草綱目》提到狗血也是一味藥，「熱飲，治虛勞吐血，又解射罔毒。點眼，治痘瘡入目。又治傷寒熱病發狂見鬼及鬼擊病，辟諸邪魅。」《肘後方》載：「治疔瘡惡腫，白犬血頻塗之。」《別錄》亦載：「烏狗血，主產難橫生，血上蕩心者。」這些記載表明狗血主要功能除了治療癲癇，還能治療瘡惡腫、痘瘡、腸癰等慣常疾病。

《搜神記》提到神醫華佗用狗血治病的故事，說的是河內太守劉勳的女兒左膝生惡瘡，這瘡生得奇怪，「癢而不痛，瘡愈，數十日復發，如此七、八年」。劉勳請華佗前來治療，華佗看了，讓劉勳找來稻糠色的黃毛狗一條，好馬兩匹，然後用繩索套住狗脖子，讓馬拽著狗跑，馬疲憊了就換一匹，馬跑了三十多里路，狗跑不動了，又叫人步行拖著狗走，共走了約五十里。華佗拿出麻醉藥給劉勳的女兒服下，此女不省人事後，華佗用刀切開狗的肚子，用狗腹對著瘡口，不多時，有一條像蛇一樣的怪蟲從瘡裡冒出頭來，華佗就用鐵錐橫穿蛇頭，蛇死，被華佗拽了出來，足足有三尺多長，蛇形，沒有眼珠，鱗片逆生。華佗用藥敷在瘡口，七天就癒合了。這個故事看似荒誕不經，但似乎也有所依憑，瘡口裡的蛇或許是一種寄生蟲，狗在劇烈運動後，血變得格外熾烈，寄生蟲嗜血，狗血的氣味可把寄生蟲引出來。

當然，這些藥方慎勿模仿，也不必苛責古人，在當時的歷史語境下，這或許是不二之選。由特定觀念中產生的主觀願景，正在與疾病做著殊死搏鬥。

三

狗血還能破除各種法術，百姓喜聞樂見的《三國演義》中，劉備、關羽、張飛剛出道時，與黃巾軍交戰，遇見其頭領張寶，他會妖術，「披髮仗劍，做起妖法，只見風雷大作，一股黑氣從天而降，黑氣中似有無限人馬殺來」。劉備等人不敵，次日再次出戰則做了充分準備，他們「伏於山後高岡之上，盛豬羊狗血並穢物準備」，等張寶作法時，將這些東西潑出去，「但見空中紙人草馬，紛紛墜地，風雷頓息，砂石不飛」，張寶的法術就這樣被破了，大敗而逃。

與之相似的操作還見於《封神演義》：張奎捉了楊戩進城，因為楊戩有法力，張奎的夫人高蘭英想到殺楊戩的方法：「將烏雞黑犬血取來，再用尿糞和勻，先穿起他的琵琶骨，將血澆在他的頭上，又用符印鎮住，然後斬之。」結果這一招數也沒奏效，楊戩還是逃脫了。看來，灑狗血這種方法並非萬能，屎尿等穢物有時也一起用，這些生化武器或許只能破除一般的法術，面對高深的法力也是難以奏效。

《聊齋志異》有一個算命的施法害人，受害者找他算帳，老遠望見了，這個算命的卻忽然不見，有人認得這把戲，「此翳形術也，犬血可破」。翳形術就是隱身法，「急以犬血沃立處，但見卜人頭面，皆為犬血模糊，目灼灼如鬼立，乃執付有司而殺之」。被當頭潑了狗血後，法術就破了，血淋淋的煞是狼狽。

狗血破了妖術，被破者狼狽不堪，引申出「狗血噴頭」這個成語。蘭陵笑笑生《金瓶梅詞話》第六十四回：「一清早辰，吃他罵的狗血噴了頭。」吳敬梓《儒林外史》寫到范進想去趕考而沒有路費，就去找老丈人胡屠夫借錢，結果一見面，「被胡屠夫一口啐在臉上，罵了一個狗血噴頭」。這些遭遇想必都是狼狽至極，人生在世難免會遇到這樣的窘境。

四

除了破解法術，狗血還可以用來對付鬼怪。狗屬陽，鬼屬陰，按這個邏輯，鬼應該怕狗血。什麼殭屍惡鬼，大多取狗血來驅鬼。黑狗血最為靈驗，據說二郎神的哮天犬即是黑色，是一條神犬，故而有此一說。

民間對付殭屍有三件法寶，分別是黑狗血、驢蹄子和糯米。遇到殭屍，先潑黑狗血；

趁著血光，再用驢蹄子拍到殭屍身上，即可將其拍倒；然後撒糯米，殭屍就不會再作怪。明人談遷《談氏筆乘》提到狗血對付殭屍：「洛川縣某死，戚屬夜侍，各假寐，屍忽蹶起，遍吸諸人口，其一驚走掩戶，屍追出，格於戶，相抵，詰旦人集，噀以犬血，屍始僕。」狗血一灑，殭屍立刻倒下，可謂靈驗。

袁枚《子不語》寫到河間府丁某與狐仙結交，該狐魅惑一民間女子，後來丁某見了該女子，與之私通，被狐知道了。這天晚上丁某又來女子家，鑽窗戶時，狐在暗中搗鬼，讓丁某失足墜落，女家父母出來看，以為丁某是鬼怪，於是「先噴狗血，繼沃屎溺，針灸倍至，受無量苦」，這些是當時居家必備的驅逐鬼怪的裝備，見到疑似妖怪者也會立刻操作一遍。

蒲松齡《聊齋志異》有一篇〈蓮香〉，說的是宜州人桑子明與女鬼蓮香相好，怎奈人鬼殊途，不得團聚。不想十四年後，有老嫗前來賣女，桑子明見了大吃一驚，正是蓮香的相貌，原來是蓮香轉世，但已經不認得桑子明。她說：「妾生時便能言，以為不祥，犬血飲之，遂昧宿因。」原來，喝狗血還能忘記前世，她在幽冥世界走了一遭，仍然不肯忘記前世，可見執念之深。那些熱辣辣的狗血帶著腥氣奔流入腹，前世的記憶立刻漫漶不清，直到見了桑子明才如夢初醒。狗血只是把她的前世記憶封印了，遇到合適的機緣，又會重新解封。

這些小說帶有許多市井趣味，摻雜民間觀念，既是百姓耳熟能詳、津津樂道，又成為可供借鑑的方法。觀念上的積澱愈來愈深，甚至成為一種隱而不彰的祕術，時時要小露崢嶸。

五

火藥和火器出現後，那邊槍炮一響，這邊人就倒下斃命，這是難以理解的一種現象，便歸之於妖術。據李化龍《平播全書》載，四川播州土司造反，巡撫李化龍下令用火炮轟擊，土司以為火炮是妖術，就令數百名女人裸體站在高處來對敵。中國古代的神祕文化中，除了狗血，糞便、女人陰戶等都可以破妖術，而李化龍做出的應對是：「以狗血潑之。」一方以智《物理小識》也提到類似的場景：張獻忠圍攻桐城，守城兵將在城上架炮，張獻忠逼迫女人「裸陰向城」，城上火炮居然啞火，但官軍立即「潑狗血、燒羊角以解之，炮竟發矣」。

交戰之際的巫術鬥法，顯然是無稽之談，但這些「狗血」卻頗有市場，在熱兵器時代到來之際，狗血繼續扮演著尷尬的角色。到晚清時，「扶清滅洋」的義和團把這些民間巫術發揮到極致。在義和團看來，洋鬼子的金髮碧眼紅鬍子是鬼怪，傷人的槍炮就是妖術邪法，而義和團則是神仙附體，這是神制服鬼怪之戰。大學士徐桐說：「拳民神也，夷人鬼也，以神擊鬼，何勿勝之有？」在這種觀念的驅使之下，拳民膽氣大壯，於是，岳飛、楊六郎、關羽等尊神紛紛附體，甚至連李白和杜甫也附到拳民身上，做詩文以鼓舞士氣，巫術、曲藝、愚忠等駁雜交錯，實可謂集大成。

透過模仿借鑑小說和戲文中的橋段，灑狗血的方法開始流行起來。義和團拿狗血去潑洋槍洋炮，結果絲毫沒有作用，還有的端著童子尿和糞便等汙穢之物上陣，結果不僅沒能破洋人的妖術，還白白送了性命。悲壯的阻擊，這是兩種不同文化之間的較量，彼時世界日新，而當時的中國人尚未醒，今天再來回望這段歷史，仍讓人尷尬難言。

六

眼下，狗血已是個常用的網路詞彙，用來形容影視劇低劣，或者用來評判某些社會新聞的荒誕離奇。二十世紀九〇年代港、臺影視業鼎盛時期，香港電視劇經常拍攝鬼片。反覆出現的橋段就是中邪後要灑狗血驅邪，狗血可以寫符咒，還可以用來布陣。但後來模仿者甚眾，狗血便用來調侃影視劇沒有新意。狗血原本是名詞，後來演化為形容詞，例如說某件事「很狗血」。

狗血的故事還在上演，近來看到新聞中有一湖南長沙的男子買新車，殺狗在輪胎上灑血辟邪。用今天的眼光來看，這是古老巫術的「返祖現象」，無疑是迷信之舉。與此同時，愛狗人士紛紛站出來聲討，這倒是古時未曾有過的群體，也不知這算不算是進步。但不知這位車主的知識源自何處，是父輩的故老相傳，還是古老的鄉土記憶？

清明節的鬼怪

一

清明本是二十四節氣之一，卻單獨拿出來成為節日，是其中最為特殊的一個。清明節約起源於周代，距今已有二千五百多年，因與寒食節時間接近，後來漸漸融為一體。清明時節，天氣回暖，春回大地，到處一派勃勃生機，萬物皆顯現出「清淨明潔」的一面，故謂之清明。

清明也是民間掃墓、追思先人的日子。清代李慶辰《醉茶志怪》載：「每清明、中元節、年終，鬼必還家取紙錢。嘗見其家貧有不焚者，則鬼徘徊門左，狀甚悽楚，至有零涕者。」看來，春暖花開的清明時節也是鬼怪出沒之時。清明這天，人們採折柳枝，插在門前，佛教傳入中土後，觀音菩薩的玉淨瓶中有柳枝，可以避邪魅。門口插柳枝的習俗，據

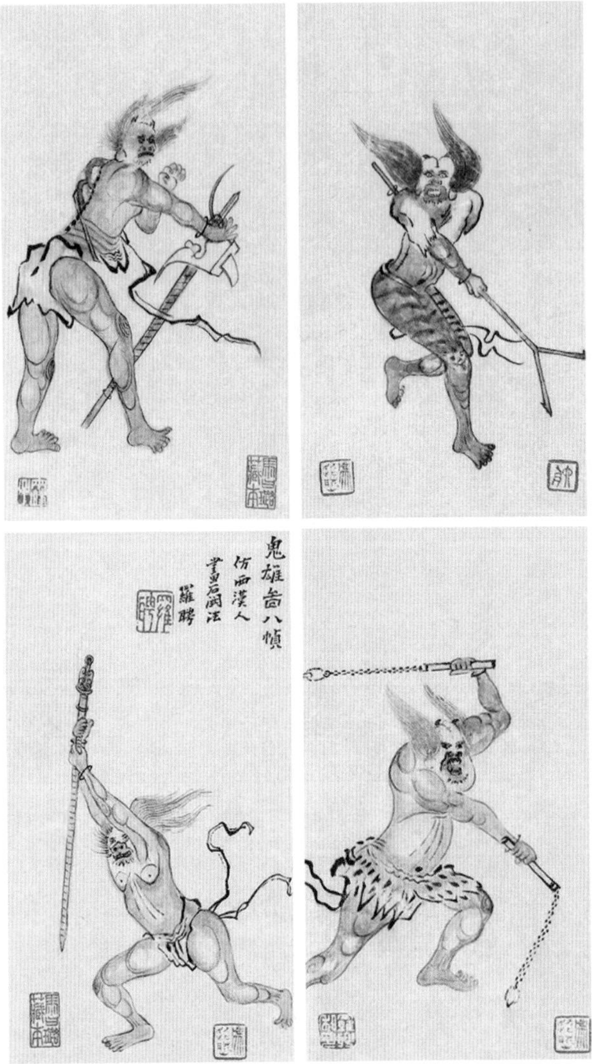

鬼雄圖之一，羅聘作

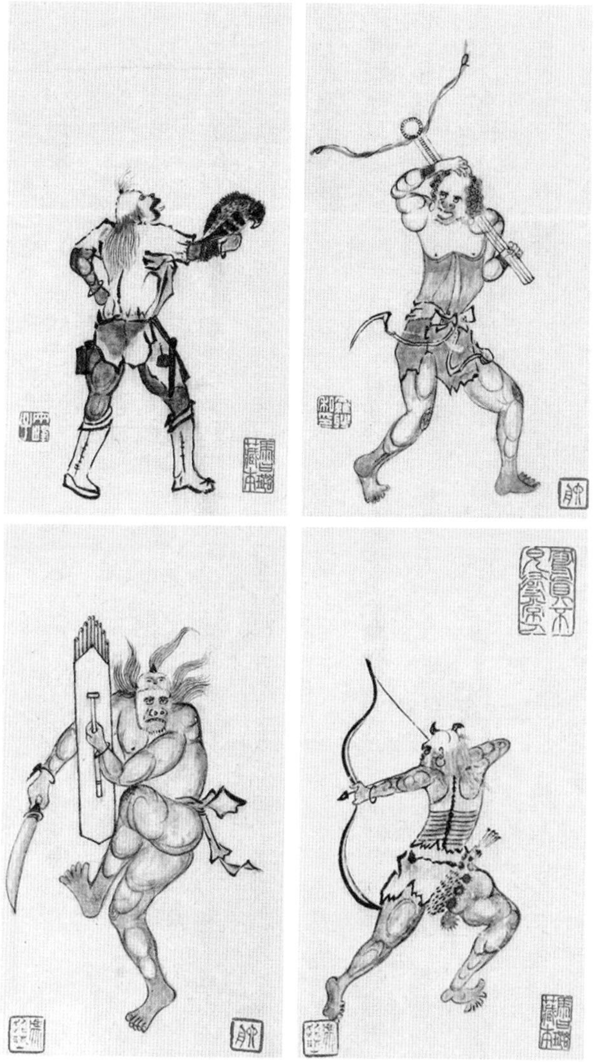

鬼雄圖之二，羅聘作

說是對觀音的模仿，可以防止野鬼入門。

二

據說鬼在清明節來到人間，四處遊蕩。袁枚《子不語》有一篇〈鬼乖乖〉，說的是金陵葛某性情豪爽，喜歡喝酒，也喜歡戲弄人。清明節這天，葛某和四、五個朋友去雨花臺遊玩，見臺旁有一朽壞的棺材，其中露出紅裙，同伴就說：「你見了人就戲弄，敢戲弄棺材裡的死鬼嗎？」葛某笑道：「不妨試試。」他走到棺材前招手說：「乖乖吃酒。」眾人都佩服他膽子大，一笑而散。葛某回家，背後有個黑影說：「乖乖來吃酒。」葛某知道是鬼，便向身後招呼：「鬼乖乖隨我來。」到了酒店，叫了一壺酒，兩個杯子，和鬼共飲。過了一會兒，葛某摘了帽子放在桌上，對鬼說：「我下樓解手，馬上就來奉陪。」說完急忙跑回家。

酒保看見客人走後丟了帽子，便竊為己有，當天晚上被鬼纏上，天明時自縊了。店主人知道後說：「認帽不認貌，乖乖不乖。」看來，這個鬼只記得帽子，卻不記得人，是鬼中較為蠢笨者。清末《點石齋畫報》重繪這個故事場景，題為《智賺縊鬼》，圖中的葛某匆匆離開酒店，將帽子放在桌上，對面的座位上空空蕩蕩，正坐著一個看不見的鬼，既詭異又不失風趣。

《子不語》還有一則〈鬼圈〉，也是清明節遇鬼的故事。乾隆朝的侍郎蔣元益之子清明這天和幾個朋友在京城遊覽滑忠寺，一行四人踏青遊玩。路過一處荒地，看到一處宅院，其中有琵琶聲，進去一看，有一個女人背朝外彈琵琶。這時女子突然回頭，變成青面獠牙的猛鬼直撲過來，四人趕緊逃走。跑了一陣，眾人停下腳步，見後面並無猛鬼前來追趕，都以為方才眼花，於是各持木棍再次前往，看到有四個黑面人坐在那裡等著，手裡拿著銅圈套人，被套中的人都跌倒，渾身無力，正在危急關頭，有人策馬路過，鬼便不見了。四人回家後，各自病了十幾天。先前那個女子是鬼，後來用銅圈套人的四個黑面人，似乎是殭屍之類，而那座大宅應是鬼變化出來的幻景。

這些鬼故事都發生在清明節，可驚可愕，陰森可怖，與清明時節的明媚春光形成巨大反差，它們的出現似乎是故意煞風景。當時人們認為清明節是祭奠先人的日子，故而有鬼出沒享用祭品，便附會出諸多鬼故事。

三

除了遊蕩的鬼，還有妖怪出沒。清明時節萬物復甦，人心蠢蠢欲動，其他動物也開始活躍，有許多精怪在此時出現，介入紅塵繁華之中。

宋代話本《西湖三塔記》寫到清明時節的西湖：「乍雨乍晴天氣，不寒不暖風光。盈盈嫩綠，有如剪就薄薄輕羅；蝸蝸輕紅，不若裁成鮮鮮麗錦。弄舌黃鶯啼別院，尋香粉蝶繞雕欄。」此時正是南宋孝宗在位，臨安府有一個年輕人叫奚宣贊，在清明節這天去西湖上遊玩，遇到一個迷路的小女孩，名叫卯奴，奚宣贊不知小女孩家在何處，便帶回自己家。十幾天後，卯奴家有個年邁的老婆婆前來尋找，見了奚宣贊，千恩萬謝，請他到家裡做客。

卯奴家裡有個白衣娘子，是卯奴的母親，自稱沒有丈夫，便要嫁給奚宣贊，硬留他在家裡成親。後來奚宣贊見白衣娘子吃人，才知道是個妖怪，在卯奴的幫助下，逃回了家，與母親搬到別處躲避。一年後的清明節，奚宣贊又遇到這夥妖怪，幸有奚宣贊的叔叔在龍虎山學道歸來，人稱奚真人，出手將妖怪降服，「只見卯奴變成了烏雞，婆子是個獺，白衣娘子是條白蛇」。奚真人將三個怪物放入鐵罐裡，放在西湖中，並造了三座石塔，用來鎮壓三怪，便是西湖中三座石塔的由來。一元人民幣的背面圖案，便是這三座石塔。

《西湖三塔記》是《白蛇傳》的前身，從奚宣贊到許仙，應是音節的轉化，白衣娘子就是白素貞的前身。《白蛇傳》中也是許仙清明節這天祭拜完父母，回家路上遇到白蛇和青蛇，才演繹出一段轟轟烈烈的人妖之戀。

可見，清明節真是妖怪的活躍期，各路妖怪出動，出行極須謹慎。若從現實中看，春暖之時，毒蟲蛇蠍開始活躍，出行之際，正當防備這些害人蟲，或許才是清明節妖怪故事的現實基礎。

四

除了猛鬼和妖怪，清明時節也有人死後復生，演繹出一段愛情的佳話。

孟棨《本事詩》載，唐代詩人崔護舉進士不第，在清明節這天一個人去城南遊玩，到了一處宅子，進去討水喝。宅子裡出來一個女子，崔護見女子美貌，便有了愛慕之心。辭別之後，不覺又過了一年，清明節又到了，崔護忍不住再去原處尋找，卻見門鎖著，惆悵萬端，便在門上題詩一首：「去年今日此門中，人面桃花相映紅。人面只今何處去，桃花依舊笑春風。」這首詩為崔護贏得不朽的身後名。

幾天後，崔護心中掛念，又去城南的村子走動，來到女子家門前，聽到屋內有哭聲，叩打門環，出來一個老翁，說：「你是崔護吧？」崔護答曰：「是。」老翁哭著說：「你害死我女兒。」崔護非常吃驚，老翁接著說：「我女兒知書達理，未許配人家。從去年以來，經常精神恍惚，前天和她出門，回來時，她看見你的題詩，進門就病了，不吃不喝，幾天後就死了。」崔護深感悲痛，才知道女子也對他極為中意，到屋裡一看，女子躺在床上。崔護哭著說：「崔護在這裡，崔護在這裡。」女子居然睜開雙眼，又過了半天便復活了。老翁大喜，便把女兒嫁給崔護。

古人的愛真是含蓄，各有好感，卻不敢表白，直到死去活來，才成就姻緣，其間經歷兩個清明節，又經歷了生死交割。女子死後復生，據說是「精誠所感」。若按志怪的套路，在清明節看到一座宅院，其中有一個美貌女子，多半是鬼怪；而崔護的運氣好得多，他遇到的不是鬼怪，而是人，還因此留下一首千古絕唱。女子死後復活則是另一種意義上的志怪故事，正是所謂的「還魂」，亦稱「回魂」。

五

清明節有這麼多奇異的故事發生，有的驚心動魄，有的麻煩纏身，還有的姻緣美滿，而且這些都是古人在外出遊玩時發生的故事，清明節真可謂「多事之春」。在萬物萌發滋長的季節裡，卻也是為先人掃墓的日子，看似悖謬，卻正是死亡之中孕育著新生，循環往復，生生不息。自然萬物之規律，恰在這一天裡格外清晰明澈。

端午節的五毒

進入五月，氣溫升高，雨水充沛，毒蟲繁衍滋生，紛紛出來害人，因此五月又被稱為「毒月」。舊時端午節有「驅五毒」之說。五毒即五種毒蟲，說法不一，一般認為是蛇、蠍、蜈蚣、壁虎、蟾蜍五種。其實壁虎本來沒有毒，但被歸入了五毒之列，有的版本則將壁虎替換為蜘蛛。有一齣京劇《五毒傳》，五種毒蟲修成人形，分別是紅蟒精、蠍子精、蜈蚣精、蠍虎精、蛤蟆精，五個妖怪為禍世間，後被張天師降服。古人受毒蟲之害，故將五毒想像為妖怪。

驅五毒的方法，以門前插艾草最為常見。孔尚任《節序同風錄》載：「帶露採艾，插門戶及床帳，辟毒蟲。」艾草又名艾蒿，是一種香草，人們注意到其藥用價值，便在端午這天採來插在門上；還有的更為精細，用艾草紮成人形，有的紮成虎形，名曰「艾虎」，據說效果更佳。

有的地區將艾草晾乾點燃，在屋裡用煙熏遍牆角旮旯，再撒一遍石灰粉，也可以將毒蟲消滅。用艾草、菖蒲等藥草沐浴，也可發揮防病的功效。此外，還有內服的藥劑，在酒中加入雄黃，即雄黃酒，飲了雄黃酒，便可辟邪解毒。《白蛇傳》故事中，千年蛇妖也難抵擋雄黃酒的威力，在端午節這一天現出原形，許仙被活活嚇死。

與此同時，古人相信一些符咒的力量，例如用紅紙畫出五種毒蟲的形狀，貼在牆上，在端午這天，用五根針將這五個毒蟲一一紮上，就認為毒物已經被刺死，不能再出來作怪。這種習俗還帶有幾分巫術色彩。用五毒形象的印子，蘸了紅顏料，蓋在糕點之上，據說吃了也能鎮壓五毒。

《燕京歲時記》載：「端陽日用彩紙剪成各樣葫蘆，倒黏於門閾上，以泄毒氣。」葫蘆紋樣的剪紙倒貼在門上，據說可以將五毒的毒氣泄掉。也有的人家貼鍾馗像，鍾馗手拿寶劍，將五種毒蟲一一斬殺。民間紙馬中又有雷公擊五毒的圖像，圖中有一道雷符，尖嘴猴腮的雷公從空中飛來，手拿雷公錘，敲出雷電，地上的五種毒蟲當中，蛇和蠍已經變成人頭蟲身的怪物，雷電擊來，五種毒蟲驚慌逃竄。

據《荊楚歲時記》載：「以五彩絲繫臂，名曰辟兵，令人不病瘟。」據說佩戴五色線

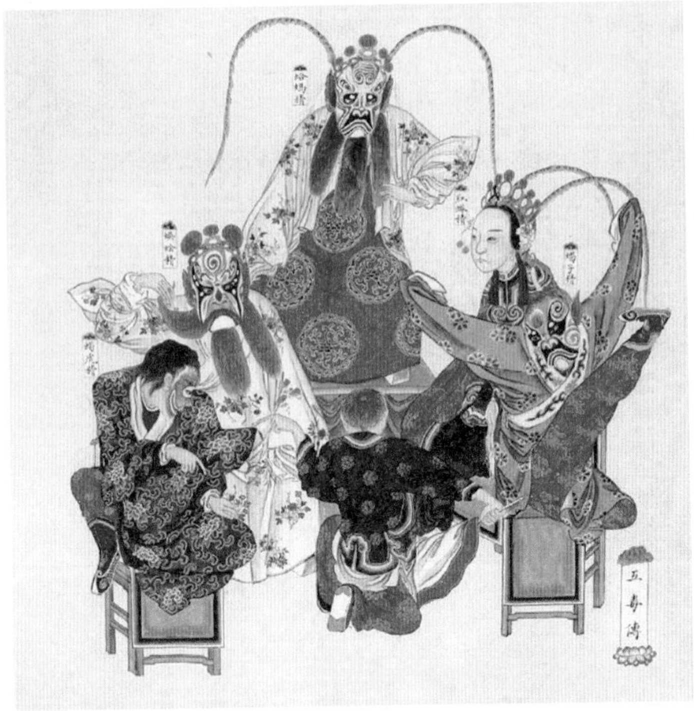

清宮戲劇畫冊《五毒傳》

是因屈原而起。《世說新語》中說五色線纏繞粽子，扔到江中祭奠屈原，蛟龍見了五色線，就不敢偷吃。五色線也用來刺繡，在孩子的肚兜或鞋子上繡出五毒的紋樣，所謂以毒攻毒，孩子穿了便會避開毒蟲。五色線或是暗含五行，也或許是古人文身習俗的延續。

古人在端午節時驅五毒，是頗有儀式感的

節令習俗，其中有一些還沿用至今。用現代眼光來看，毒蟲攜帶病菌，叮咬後傳播疾病，驅除毒蟲則有免疫與保健之功效。

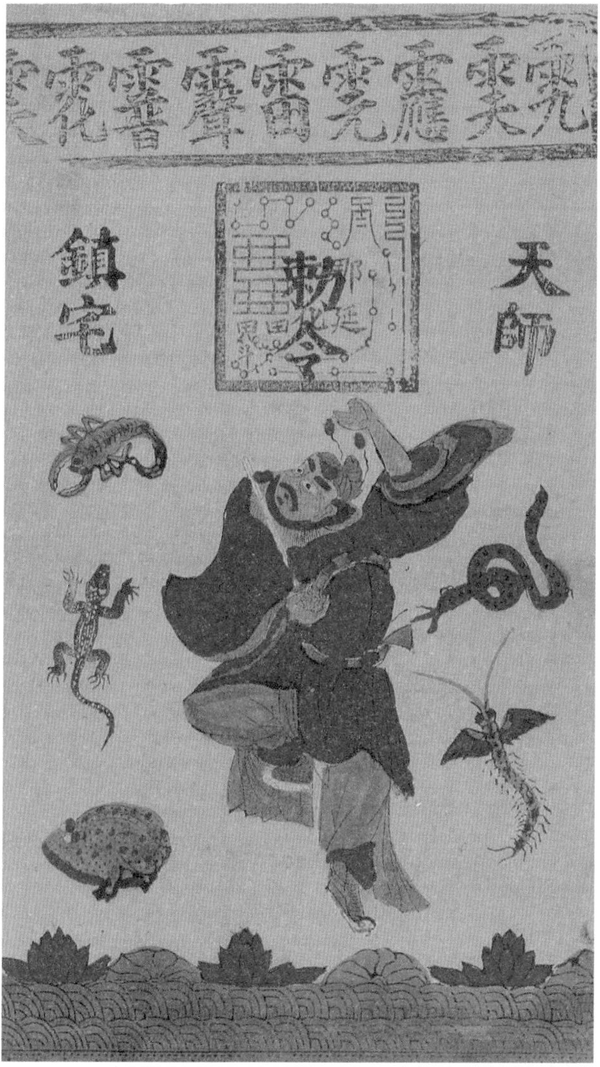

天師驅五毒，民間紙馬（清）

重陽節的厲鬼

南朝吳均《續齊諧記》寫到汝南人桓景追隨費長房遊學，費長房在東漢時做過汝南市掾，後來和仙人壺公入山修道，能夠鞭笞百鬼；後因驅鬼的符咒丟失，被百鬼所殺，是一個被神化的人物。

有一天費長房忽然對桓景說：「九月九日，汝家中當有災。」當費長房公布這個神祕的預言後，隨即道出破解之法：用布囊裝著茱萸，繫在手臂上，登高，飲菊花酒，就可以避過這場災難。

桓景照費長房的話去做，全家人登山旅行，傍晚回家時，見家中「雞犬牛羊一時暴死」。桓景把這事告訴費長房，費長房說：「雞犬牛羊是代替你們死的。」後世九月初九這天佩戴茱萸登高的風俗，就是從此而來。

不知桓景家裡發生什麼災禍，似乎是遭遇瘟疫或妖物的襲擊，家中禽畜無一倖免，費長房的神祕預言留下大片空白。清代無垢道人《八仙得道傳》敷衍桓景登高避難的故事，補上這段空白。原來桓景早年得到異人指點，兩眼能看到鬼，所以看破很多奸謀，遭到鬼的嫉恨。眾鬼之中有一個刻薄鬼，想出一條應對之法，他說：「桓景那廝，也是一個聰明的人。他的眼又亮，計又多，又有我們官長幫他的忙。若是大張旗鼓和他公然交戰，萬萬不行。最好之計自然莫過於暗箭傷人。依我之見，現當秋令初過，疫癘流行之時，可請瘟部中幾位同伴，前去他家，四處八方，播些瘟疫的種子。不但可殺桓景，簡直可以滅他滿門。」

桓景不知大禍臨頭，幸被費長房預先算出，但又怕說出實情，使桓景與百鬼的冤仇愈來愈深，便對桓景說：「你家有大災，可於明天一早，率領全家大小男女上下人等，一起到高山之上，遊玩一天。每人要臂纏一囊，其中盛滿茱萸。如果沒有囊，可放在衣袋中也好。這東西可以避毒解瘟，拒妖辟鬼。更有一言切莫忘記，起身之後，便當即刻出門，不得進一點食物，喝一口湯水。若是違了我言，便是逃到山上，仍不免有性命之憂……你們需等到日落西山，黃昏月上，方可回來，早一刻都不行。」

桓景家裡發生的異常，經過這番演繹倒也熱鬧，又有瘟部諸鬼在桓景家播撒瘟毒的細

五瘟大帝，水陸畫（明）

冥府城隍及五瘟使者，水陸畫（明）

節，頗覺滑稽，但又覺說盡，不如《續齊諧記》中的大片留白更有深意。費長房所囑的茱萸囊、菊花酒這兩樣，在藥性上都有解毒避瘟的功效，千百年來流傳不絕。漢代《西京雜記》載：「九月九日，佩茱萸，食蓬餌，飲菊花酒，云令人長壽。」唐代王維〈九月九日憶山東兄弟〉更是膾炙人口：「獨在異鄉為異客，每逢佳節倍思親。遙知兄弟登高處，遍插茱萸少一人。」佩戴茱萸登高已成為重陽節不可缺少的內容。

重陽之後，天氣漸涼，草木開始凋零，重陽節登山「辭青」與古人在陽春三月春遊「踏青」遙相呼應。清代潘榮陛《帝京歲時紀勝》記載重陽時「攜酌於各門郊外痛飲終日，謂之辭青」。冬日即將來臨，萬物肅殺，人們終日痛飲是對生命的送別，辭青的舉動壯而不悲，是古人對時序更替的理解，從生命本體出發，與自然萬物同感蕭瑟。或許，費長房的神祕預言所對應的神祕力量，就是季節更換之時肅殺之氣——需要避其鋒芒，沉潛珍重。

虎外婆的變形術

清人黃之雋有一則《虎媼傳》，講的是一隻老虎變成外婆，吃掉小朋友的故事，與歐洲童話中的《小紅帽》有著驚人的相似之處。《虎媼傳》比《小紅帽》時間稍早，來自江南華亭（今上海）的書生黃之雋，與來自德國黑森州的格林兄弟，都留心搜集整理民間故事，虎外婆、狼外婆之類的故事模型，居然在中、德兩國的民間都有流傳，真是個有趣的現象。

《虎媼傳》的媼是老婦人的意思，開頭有一山民讓女兒「攜一筐棗，問遺其外母」，女孩的小弟也跟著一塊去了，兩個孩子都是十來歲，他們就這樣愉快地出發。途中怪事發生了，原本熟悉的道路，姊弟二人卻迷失方向，「日暮迷途，遇一媼」。這個老婦人問孩子：「你們要去哪裡？」孩子回答：「我們要去看外婆。」老婦人說：「我就是。」兩個孩子將信將疑，他們依稀記得外婆臉上有七顆黑痣。老婦人說：「剛才用簸箕篩糠，臉上落了灰塵，我去洗一洗。」說完，她就走到溪澗旁去洗臉，順勢在溪流中撿了七個螺，貼在臉上。轉回身來對兩個孩子說：「見黑子乎？」姊弟倆這才相信，跟著這個外婆回家。

簡單吃過晚飯後，外婆與姊弟倆同榻而眠，在床上又發生一系列恐怖情節：

既寢，女覺其體有毛，曰：「何也？」媼曰：「而公敝羊裘也，天寒，衣以寢耳。」夜半聞食聲，女曰：「何？」媼曰：「食汝棗脯也，夜寒且永，吾年老不忍饑。」女曰：「兒亦饑。」與一棗，則冷然人指也。

原來，這外婆吃的不是棗，而是弟弟的手指，可憐的弟弟已經被吃掉了。女孩趕緊跑到屋外，爬上一棵大樹。外婆咆哮著衝到樹下，卻無法上樹，於是外婆轉身去叫同伴。在一位過路樵夫的幫助下，小女孩從樹上下來，只把衣服掛在樹上，躲在一邊靜觀其變。不多時，來了一群老虎，帶頭的老虎正是外婆。眾虎看到樹上只有一件衣服，並無活人可吃，認為虎媼在說謊，於是眾虎一齊發力，把虎外婆給咬死了。

這個故事是根據安徽一帶的民間傳說改編而來，收錄在《廣虞初新志》中。臺灣也有類似的故事，謂之「虎姑婆」，版本有幾百種之多。流傳最廣的當屬王詩琅《鴨母王．臺灣民間故事卷》中的版本，對《虎媼傳》稍作改動，說的是母親要出門，把姊弟倆留在家

▶ 杏黃緞虎頭帽（清）
◀ 虎皮單袍（清）

裡，囑咐他們不要替陌生人開門。母親走後，虎姑婆來了，騙得姊弟倆開門。後來虎姑婆露出破綻——老虎變化為人形之後，偶爾還會露出一些虎的特徵。姊姊見狀，用熱油燙死虎姑婆。改造後的故事扣人心弦，又褒揚姊姊的機智，作惡多端的虎姑婆同樣受到懲罰。

虎外婆是個令人心生恐怖的角色，其形象令人想起《山海經》裡「人面虎身，有文有尾」的西王母。這種虎形的神明，還帶有一些上古時代部族圖騰的色彩，沉澱在民眾的集體記憶中，從虎外婆的身上，可以看到西王母的影子。

除了上古神話的影響，自然環境的

問題也不容小覷。虎外婆的故事起於清代，到民國時，浙江、湖南、山東等地的民間故事中仍有虎外婆的形象，或與當時的虎患有關。在地廣人稀的古代，許多地區還保留著原始風貌。直到明、清時期，人口劇增，山林草澤遭到破壞，老虎走出山林，虎患開始肆虐，給人們留下痛苦的記憶。

明、清兩代的各地縣志裡，虎患的記載隨處可見。據《寶山縣志》載，明正統二年（一四三七年）吳淞附近有白額虎出沒，傷六十五人，「居民號慟死不辜，哭聲夜半於穹蒼」。《羅源縣志》記載官兵平息虎患：「康熙四十七年（一七〇八年）春，群虎夜夜入市。三月，游擊陳騰龍督兵民捕之，前後殺獲六虎，患遂息。」

如今虎成為保育動物，然而在黃之雋生活的清朝康熙年間，山林中還活躍著花斑的猛虎，牠們孔武有力，能瞬間致人死地，行蹤又飄忽不定，是一種神祕而強大的存在。《虎媼傳》開頭即寫道：「歙居萬山中，多虎，其老而牝者，或為人以害人。」老虎被妖魔化，似也正當其時。

別拿黃鼠狼不當神仙

一

膠東流傳著一個黃鼠狼吃魚的故事，有一家的媳婦被黃鼠狼附身，哭鬧著要吃魚，家裡人做魚給她吃，吃了十幾斤，仍沒吃飽。她的丈夫到菜園澆菜，見一隻黃鼠狼躺在籬笆下，肚子撐得溜圓，原來那些魚都進了牠肚裡。直到她的丈夫拿起鐵鍬把黃鼠狼打死，她才如夢初醒。

母親講這個故事時總是說——黃鼠狼守在那個女人嘴邊，周圍的人都看不見牠，這是黃鼠狼使的障眼法。那個女人在恍惚間看到一隻肥碩的黃鼠狼，每當筷子夾了魚送到嘴邊，黃鼠狼就一躍而起，搶走到嘴邊的美味，所以她總是吃不飽。

俗語有云：別拿黃鼠狼不當神仙，說的即是黃鼠狼的神通。像這樣的故事在北方極

黃鼠狼，十八世紀的外銷畫

為常見，故事中說的是吃肉，膠東濱海，便衍化為吃魚。民間敘事的語境中，黃鼠狼是一種有靈性的動物，在牠身上附會出諸多怪異的故事，能迷惑人，也能附到人身上，如果對其不恭，還會引來災禍。

黃鼠狼的學名叫黃鼬，是一種小型的食肉動物，有著棕黃色的毛，長尾，體內有臭腺，遇到危險時，肛門排出臭氣。如果被這種氣體直接衝擊到頭部，會有中毒現象，頭暈目眩及噁心嘔吐，甚至產生幻覺，這或許是黃鼠狼被妖魔化的根源。機緣巧合之下，黃鼠狼的臭氣曾令人心智迷失，進入恍惚的幻境。由此，人們相信黃鼠狼能迷惑人。

黃鼠狼尾巴上的毛可以做毛筆，這種筆叫做狼毫筆。牠的毛有彈性，鋪開後易於收攏，筆鋒很是勁健。帝國的士子們自幼年起即接受一套嚴密訓練，以後的許多年，他們搖動著狼毫筆寫下致幻的辭章，同樣收到蠱惑人的功效。

二

做為一種常見動物，黃鼠狼早就進入古人的視野。古人對黃鼠狼的認識已經很到位，觀察極為細緻。黃鼠狼的異名頗

黃鼬，據《博物館獸譜》

多，中國古代的博物學體系中，黃鼠狼又名黃鼬。《說文解字》說牠「如鼠，赤黃而大，食鼠者」。《山海經》甚至有一個鼬姓之國，或許是以黃鼠狼為圖騰的部族，那時的山林草澤之中，黃鼠狼的身影隨處可見。《三才圖會》稱之為鼬鼠：「鼬鼠似貂，赤黃色，大尾，俗謂之鼠狼，健於捕鼠，一名鼪。」李時珍《本草綱目》說黃鼠狼又名地猴，而《康熙字典》說黃鼠狼又名狼貓。

地猴和狼貓這兩個名字都有奇趣，可見古人對動物命名的方法，猴指代的是迅捷，狼指代的是凶猛，而貓指代的是食鼠的習性。這些元素時常自由組合為新的動物名字，又因為地域不同，黃鼠狼的名字變化多端，令人難以捉摸。眾多的異名中，還是「黃鼠狼」這個名字後來居上，其他名字已然被人淡忘。

後世的典籍中，牠的身影多出現在醫書中。黃鼠狼這一名字最早當出於《神農本草經》，至於其功效卻是眾說紛紜。《本草綱目》認為黃鼠狼的心肝是良藥，其心肝「氣味臭，微毒，治心腹痛，殺蟲」。具體的方法是：「用黃鼠心、肝、肺一具，陰乾，瓦焙為末，入乳香、沒藥、孩兒茶、血竭末各三分，每服一錢，燒酒調下立止。」《戒庵老人漫筆》則認為「中滿腹脹，食黃鼠狼甚效」。民間偏方又有煎油塗凍瘡之說，這些藥方的功效都值得懷疑。

此時的黃鼠狼還未見靈異，雖名目繁多，但只是一種善於捕鼠的動物，偶爾被醫家寫進藥方裡。到後來，尤其是清代以後，黃鼠狼先在家宅中作妖作亂，人們不敢招惹，轉而虔心奉祀。這時的黃鼠狼地位尊崇，沒人敢隨意傷害牠，更不用說捕捉來做藥用了。

三

黃鼠狼成精的記載出現較晚，明、清的志怪筆記中才略有涉及。相對於那些千年老妖，它只能算是年輕妖怪，在妖怪家族中叨陪末座。由於法力低微，它們很少有完全變成人形者，更多時候只是以本來面貌出現，做出的舉動卻是在模仿人。

黃鼠狼在舊時家宅中常見，時間退回幾百年前，家宅與山野的界限尚不甚分明，各色鳥類停在牆頭，啼鳴不止，蛇鼠狐鼬將洞穴由牆外開掘到牆內。它們不怕人，在共同的生存空間之內，時常給人帶來驚嚇。

明代陸粲《庚巳編》寫到黃鼠狼作怪，蘇州玄妙觀有個道士張宗茂，道術通玄，善於使用符咒。當地有位陳舉人，家裡出現成群結隊的黃鼠狼，捕食家禽，咬壞衣服，陳舉人不堪其擾，找人占卜。卜者說：「只有張宗茂的符咒之術能夠驅逐黃鼠狼。」這天張宗茂正在讀書，眼前突然出現一個怪物，向他拱手施禮，這個怪物的身子是人，頭部是黃鼠狼。怪物對張宗茂說：「我們和陳舉人家有仇，希望道長不要干涉。」張宗茂大聲呵斥，斥退了黃鼠狼。隨後，張宗茂來到陳舉人家，寫了符咒，妖怪就銷聲匿跡了。黃鼠狼頭、人身的怪物形象實不多見，應是黃鼠狼中道行極深者，已經快要修成人形。

除了搗亂，黃鼠狼還善於迷惑人。《聊齋志異》有一則故事說到黃鼠狼迷惑人：有一位孫翁白天在家躺著休息，忽然有一物爬上床榻，頓覺全身飄搖，像騰雲駕霧，偷眼觀看，但見「物大如貓，黃毛而碧嘴，自足邊來」。此物小心翼翼，生怕驚動了孫翁，「逡巡附體，著足足痿，著股股軟」。這真是駭人的力量，它所碰到的人身上的部位，立即疲軟無力。孫翁驟然躍起，捉住了它，哪知這傢伙忽然縮小，腹部縮為細管，險些脫去，孫翁急忙攥緊，它的腹部立刻又膨脹為碗口粗，堅硬難以握動。孫翁忙讓夫人拿刀來，夫人急切中找不到刀，孫翁轉頭指著放刀的位置，等再轉回頭來，手裡空空如也，這個怪物已經不見了。這則故事題為〈捉狐〉，蒲松齡認為這是狐狸，而文中提到的動物「大如貓，黃毛碧嘴」，顯然是黃鼠狼在作怪，狐狸與黃鼠狼之間產生混淆。民間話語中，這二者皆是有靈性的動物，而且都是皮毛、四足、長尾，來去迅捷。這種混淆或許是視覺上的誤差，或許是故事傳播過程中的變異。

不單民宅，官府之中也常有黃鼠狼前來搗亂。丁柔克《柳弧》寫某布政使的衙署內多有黃鼠狼出沒，這一日，布政使大人忽然大聲號叫，原來「黃鼠狼已鑽入方伯褌襠中矣」，有此鬧劇，衙署的莊嚴氛圍遭到嘲弄。袁枚《子不語》也提到黃鼠狼，說的是紹興師爺周養仲在安徽做幕僚，有一天忽見「房門自開，有一白鼠如人拱立」。這隻白鼠身邊有兩隻黃鼠狼，「拖長尾，含蘆柴，演呂布耍槍戲，似皆白鼠之奴隸，求媚於鼠王者也。」這裡說的黃鼠狼能演戲，用蘆柴當長槍飾演呂布，來討好鼠王，似也有所諷喻。

十七、十八世紀左右的中國，算得上地廣人稀，不論民宅還是官舍，都與大自然親近，人力建造出的城郭村寨是與野生動物們爭奪地盤，人與動物共處在同一空間內。舊時的鄉村農舍靠近野地，常有黃鼠狼翻牆而過，騷擾家禽；有時還會兩隻後腿著地，像人一樣直立起來。牠與人頻繁接觸，其所作所為慢慢發酵，與牠有關的故事開始流傳。

四

黃鼠狼由妖而成為民間信仰之一種，似乎是清軍入關以後的事。周作人認為這是東北亞地區薩滿教的支脈，是「自然崇拜」與「動物崇拜」的餘緒。東北稱黃鼠狼為「黃皮子」，在薩滿巫術儀式中可以附到人身上，借人之口說話；且能知過去、未來之事，為人預測吉凶。也有觀念認為是正道衰落的象徵。人們發現不論怎樣虔心禱告，高高在上的正神們都無動於衷，所求也無應驗，便對正神失去信心，反而改奉邪神和妖仙。據說它們會給人帶來一些眼前的利益，與此同時，它們又常常惡作劇來捉弄人，所謂「請神容易送神難」；即便如此，為了眼前的利益，仍有人趨之若鶩。

薛福成《庸庵筆記》載：「北方人以狐、蛇、蝟、鼠、及黃鼠狼五物為財神，民間見此五者，不敢觸犯，故有五顯財神廟。」華北一帶的民間又有「四大門」之說，是對四種靈異動物的總稱，這四種動物是狐狸、黃鼠狼、刺蝟和長蟲（蛇）。其中的黃鼠狼又稱「黃門」、「黃仙」、「黃三太爺」等，有神龕供奉，即所謂的「仙壇」，可向其求財，也可求醫問藥，人們平時遇到黃鼠狼也不敢傷害。俞樾《右臺仙館筆記》提到天津的鄉間婦女看病，就去找女巫看，當地人稱女巫為「姑娘子」，焚香之後念念有詞，便有神來附體。附體之神有五種：「有曰白老太太者，蝟也；有曰黃少奶奶者，鼠狼也；有曰胡姑娘者，狐也；又有蛇、鼠二物，津人合而稱之為五家之神。」其中的黃少奶奶是個年輕婦人，也是黃鼠狼變化的。

黃鼠狼的崇拜應該是一種「擬人的宗教」，將其想像為人形的神，並做為家神的一種來祭拜，期盼福來禍去。這是較為功利的信仰，同時還摻入道教和佛教的元素，雜糅為一種民俗信仰。在當時的意識形態之下，這種動物崇拜屬於淫祀邪信。民國十年（一九二一年）的《鳳城縣志》提到「民警不時捕治」，但「仍難禁絕」。民國十五年（一九二六年）的《雙城縣志》提到這種信仰「暗中仍屬不少，鄉間尤多」，可見這類民間信仰具有頑強的生存及變通能力。

二十世紀三〇年代末，燕京大學社會學系學生李慰祖在北平西北郊調查發現，雖然受到國民政府的打壓，但包括黃鼠狼信仰在內的「四大門」依然香火旺盛。為黃鼠狼等大仙服務的人，稱之為「香頭」，主要負責醫病、除祟、禳解、指示吉凶等方術。有的香頭是自願的，而有的是被黃大仙上身，被迫為其服務。這又有個名堂，叫做「當香差」，與仙家是一種主從關係，香頭也自稱是某仙的弟子。

李慰祖《四大門》還提到黃鼠狼的故事：「黃門中務正道的很少，總是攪亂人家的家宅，可以說是四大門中的敗類。黃門是不肯到山中去潛修的，總是在農場、農家裡停留。黃門修煉時，頭上頂著一個死人的頭蓋骨，在村中跑來跑去，逢人便問：您瞧我像人不像？」後來在六王莊有個鄉民王三看到一位「黃爺」變成一個小孩的樣子，就用鐮刀當頭劈下去，正中頭頂，「黃爺」不見了。此後這位「黃爺」每天晚上在村裡跑來跑去，嘴裡還念唱著：「天不怕，地不怕，就怕王三的鐮刀把。」從此以後，王三就成為「捉妖的」，黃爺去誰家鬧，就請王三去，王三一到，黃爺立刻避開。

五

這些來自鄉野的故事駭人聽聞，神祕色彩又助長了傳播速度，故事的講述者往往對此深信不疑。由古老的恐懼到民間的信仰，黃鼠狼的成仙之路可謂隱祕。黃鼠狼的信仰有著更為複雜的民俗文化心理做為支撐，時至今日，我們仍能在某些地區發現其蛛絲馬跡。不能簡單粗暴地以封建迷信論之，而應以社會學、人類學的眼光看待。

不難發現，民間信仰的整合能力極強，風俗習慣、鄉野傳聞、心理訴求，以及各種宗教形式的知識碎片都會被連綴起來，從而生成新的體系；在一定的地域範圍之內，成為人們約定俗成的精神共同體。

在這種體系之內，黃鼠狼也被當作神仙，處於中國神仙譜系的最底層，與那些高高在上的滿天神佛相比，和百姓的距離可能是最近的。

HISTORY 099

逐妖書：殭屍、海怪、虎外婆……怪奇玄幻的百妖物語

作　者—盛文強
主　編—邱憶伶
責任編輯—陳映儒
行銷企畫—林欣梅
封面設計—兒日
內頁設計—張靜怡

編輯總監—蘇清霖
董 事 長—趙政岷
出 版 者—時報文化出版企業股份有限公司
一〇八〇一九臺北市和平西路三段二四〇號三樓
發行專線—（〇二）二三〇六—六八四二
讀者服務專線—〇八〇〇—二三一—七〇五
（〇二）二三〇四—七一〇三
讀者服務傳真—（〇二）二三〇四—六八五八
郵撥—一九三四四七二四時報文化出版公司
信箱—一〇八九九臺北華江橋郵局第九九信箱
時報悅讀網—http://www.readingtimes.com.tw
電子郵件信箱—newstudy@readingtimes.com.tw
時報出版愛讀者粉絲團—https://www.facebook.com/readingtimes.2
法律顧問—理律法律事務所　陳長文律師、李念祖律師
印　刷—華展印刷有限公司
初版一刷—二〇二二年七月二十二日
定　價—新臺幣四五〇元
（缺頁或破損的書，請寄回更換）

時報文化出版公司成立於一九七五年，
一九九九年股票上櫃公開發行，二〇〇八年脫離中時集團非屬旺中，
以「尊重智慧與創意的文化事業」為信念。

逐妖書：殭屍、海怪、虎外婆……怪奇玄幻的百妖物語／盛文強著 . -- 初版 . -- 臺北市：時報文化出版企業股份有限公司, 2022.07
320 面；14.8×21 公分 . --（History 系列；99）
ISBN 978-626-335-660-3（平裝）

1. CST: 妖怪　2. CST: 文化研究　3. CST: 中國

298.6　　111009678

ISBN 978-626-335-660-3
Printed in Taiwan